HISTORIQUE

DU

FEU DE L'INFANTERIE

ET

DE SON INFLUENCE

SUR LES FORMATIONS TACTIQUES ET LE SORT DES COMBATS

PAR

M. J. ORTUS

CAPITAINE DE TIR D'INFANTERIE DE MARINE.

Extrait du Journal des Sciences militaires.
(Octobre 1874-Mars 1875).

PARIS
IMPRIMERIE ET LIBRAIRIE MILITAIRES
J. DUMAINE
RUE ET PASSAGE DAUPHINE, 30

1875

HISTORIQUE

DU

FEU DE L'INFANTERIE

Paris. — Imprimerie de J. Dumaine, rue Christine, 2.

HISTORIQUE

DU

FEU DE L'INFANTERIE

ET

DE SON INFLUENCE

SUR LES FORMATIONS TACTIQUES ET LE SORT DES COMBATS

PAR

M. J. ORTUS

CAPITAINE DE TIR D'INFANTERIE DE MARINE

Extrait du Journal des Sciences militaires.
(Octobre 1874–Mars 1875).

PARIS

IMPRIMERIE ET LIBRAIRIE MILITAIRES

J. DUMAINE

RUE ET PASSAGE DAUPHINE, 30

—

1875

HISTORIQUE
DU FEU DE L'INFANTERIE

ET DE SON INFLUENCE

SUR LES FORMATIONS TACTIQUES ET LE SORT DES COMBATS.

Il se produit en ce moment, aussi bien à l'étranger qu'en France, un courant d'idées tendant à augmenter considérablement le nombre des bouches à feu d'une armée en campagne, et provenant de l'influence exagérée qu'on a accordée aux effets de l'artillerie prussienne pendant la dernière guerre.

On semble assez généralement porté à croire qu'il suffirait d'une bonne artillerie pour gagner toutes les batailles, et que l'infanterie ne doit servir que d'auxiliaire à l'artillerie, devenue l'arbitre des combats.

Cette opinion nous paraît fort discutable, et nous croyons qu'elle est de nature à nous exposer à de graves mécomptes.

Le but de ce travail est de prouver, à l'aide de l'histoire des guerres depuis l'apparition des armes à feu :

1° Que, de tout temps, une incontestable supériorité dans le combat a été due à l'infanterie qui a su tirer le meilleur parti de sa mousqueterie ;

2° Que l'augmentation de l'artillerie a généralement dénoté une infanterie médiocre ;

3° Enfin, que les progrès effectués dans l'armement de l'infanterie sont la principale cause des réformes opérées successivement dans la formation tactique des troupes pour le combat.

I

Apparition des premières armes à feu sur le champ de bataille.

Les premières armes à feu parurent dans les armées européennes sous Philippe de Valois, en 1330. Elles se multiplièrent bientôt tellement que, à peine un siècle après, on employait une grande quantité de *couleuvrines* dans les batailles.

A Morat (1476), les Suisses se servirent beaucoup de ces couleuvrines. C'étaient de longs tubes en cuivre ou en fer battu, du poids de 10 à 25 kilogrammes. Les plus lourdes étaient montées sur des affûts mobiles; les plus légères reposaient sur une fourchette. Ces armes peuvent être considérées comme une sorte de compromis entre l'artillerie et les armes à feu portatives.

Jusqu'à François Ier et Charles-Quint, la distinction entre l'artillerie, proprement dite, et les armes portatives, n'est pas facile à faire. Aussi passerons-nous rapidement sur les guerres antérieures, et nous contenterons-nous de faire remarquer que la généralisation des armes à feu relègue au second rang la cavalerie, qui, jusqu'alors, avait été l'arme décisive des champs de bataille.

L'armée de Charles le Téméraire possédait une artillerie nombreuse de divers calibres (419 pièces) qui tomba tout entière entre les mains des Suisses à la bataille de Granson, où ceux-ci mirent en ligne 2000 arquebusiers dont les armes avaient des platines à serpentin.

C'est de cette époque que prit naissance, en Suisse, le goût du tir avec les armes à feu portatives, et, depuis, les Suisses ont été réputés pour leur adresse à cet important exercice.

Charles VIII, dans ses guerres en Italie, avait à sa solde, outre une belle artillerie, un corps de Suisses armés de hallebardes et d'arquebuses légères. Les arquebusiers, au nombre de 400 pour 1000 fantassins, se faisaient remarquer par l'adresse avec laquelle ils tiraient. Ce corps d'infanterie contribua notablement au gain de la bataille de Fornoue.

La terrible bataille de Marignan (1515) nous donne la mesure de ce que pouvait faire déjà, à cette époque, avec des arquebuses à mèche et des piques, une troupe d'infanterie solide.

Les troupes étrangères (Suisses et Allemands) formant la majeure partie de l'infanterie des armées françaises, François Ier chercha à instituer des légions nationales. Il forma, en 1534, sept légions composées chacune de 6,000 hommes. Ces sept légions formaient 42,000 hommes, dont 30,000 piquiers et 12,000 mousquetaires : soit un peu plus de 1/3 d'armes à feu.

II

Formation tactique des armées de François Ier.

Les soldats armés d'arquebuses ou de mousquets ne formèrent, pendant longtemps, qu'une sorte de troupe légère destinée à engager les combats sous le nom d'*enfants perdus*. Ils se dispersaient comme les tirailleurs actuels, sur le front et le flanc des corps. L'infanterie de bataille, armée de très-longues piques, était formée en gros bataillons, profonds quelquefois de trente files.

Cette formation tactique fut conservée tant que la proportion du nombre de mousquetaires ne passa pas le 1/3, et tant que le mousquet ne fut pas amélioré. Ce mousquet à mèche était une arme lourde, d'un poids moyen de 6 kilogrammes, du calibre de 12 balles à la livre, tirant à forte charge. A cause de son poids, on l'appuyait dans le tir sur une fourchette en fer dont le bout pointu s'enfonçait en terre. C'était une excellente arme de jet pour l'époque, mais elle ne pouvait servir d'arme de main. Aussi, dans les combats rapprochés, les mousquetaires étaient obligés de se rallier derrière les piquiers.

L'artillerie de bataille avait cependant, en ce temps, fait de grands progrès. François Ier avait une bonne artillerie, et Charles-Quint, son rival, poussa l'artillerie allemande et espagnole à un degré de perfection très-grand. Ce monarque, après neuf ans d'expériences faites à Bruxelles, de 1521 à 1530, adopta six calibres seulement pour toute son artillerie. Les calibres de campagne étaient le 12, le 6 et le 3; ces pièces, lançant un boulet de fonte, pesaient environ 155 fois le poids du projectile.

Cependant, en présence de tous ces progrès du canon, la formation tactique de l'infanterie, groupée en gros bataillons hérissés de piques, reste compacte. C'est dans cet ordre que l'infanterie française enlève à Cérisoles toute l'artillerie des généraux de Charles-Quint.

Il faut arriver jusqu'au XVIIe siècle, à la guerre de Trente ans, pour trouver un changement tactique dû à un meilleur emploi des feux des armes portatives.

III

Introduction des feux d'ensemble à commandement, et formation tactique de l'infanterie de Gustave-Adolphe.

Le génie de Gustave-Adolphe comprit tous les avantages qu'une infanterie légère et maniable aurait sur les gros bataillons massifs, excellents pour résister à des charges de cavalerie, mais incapables de soutenir la lutte contre des tirailleurs plus lestes.

Les lansquenets allemands avaient des piques de 18 pieds (6 mètres). Gustave-Adolphe diminua la longueur des siennes jusqu'à 14 pieds (4m,60). Ses mousquetaires avaient des mousquets à rouet du calibre de 16, bien plus légers que les mousquets à mèche, et des cartouches en papier dans leurs gibernes. Ils chargeaient leurs mousquets beaucoup plus vite que les Allemands, qui se servaient de poires à poudre et de balles séparées.

A Breitenfeld, les mousquetaires suédois, rangés sur trois rangs seulement d'épaisseur, exécutèrent des feux d'ensemble, le premier rang à genou, les deux autres debout. Les effets de ces décharges sur les masses allemandes contribuèrent beaucoup au gain de la bataille.

Les mousquetaires faisaient partie de l'ordre de bataille de l'infanterie suédoise, sous le nom de *manches*. Ils étaient placés à droite et à gauche des piquiers, qui, sur six rangs de profondeur seulement, formaient le centre du corps de bataille. En 1635, le duc Bernard de Saxe-Weimar, successeur de Gustave-Adolphe, passe à la solde de la France avec l'armée suédoise, et contribue beaucoup à nos victoires de la période française de la guerre de Trente ans.

IV

Formation tactique et feux de l'infanterie de Condé et de Turenne.

C'est à l'école du duc de Saxe-Weimar que se formèrent Condé et Turenne.

Dans leurs armées, la formation tactique suédoise fut adoptée, mais les bataillons de 900 hommes, piquiers et mousquetaires en nombre égal, étaient formés sur 8 rangs. Quand les mousquetaires voulaient commencer le feu, ils ouvraient leurs files. Le 1er rang tirait et faisait place au 2e, en reculant par les intervalles des files jusqu'au dernier, le 8e rang, où il chargeait ses armes. Les autres rangs exécutaient à leur tour la même manœuvre.

La vieille infanterie espagnole, qui, malgré les progrès accomplis, se formait encore en bataillons compactes, est vaincue par Condé à Rocroy et à Lens.

Turenne, Condé et Montecuculli eurent toujours peu de canons dans leurs armées, et cependant les deux premiers, sur les Impériaux, et le dernier sur les Turcs, remportèrent de brillantes victoires, dues principalement à leur infanterie.

C'est ce que va nous démontrer l'examen des Mémoires de ces hommes de guerre célèbres.

V

Campagnes de Montecuculli.

Elles sont toutes contre les Turcs, sauf celle de 1675 contre Turenne et Condé; cette dernière finit sa carrière militaire. Ses *Mémoires* racontent en détail ses campagnes contre les Turcs. Les armées de ces derniers étaient composées principalement de cavalerie, avec beaucoup d'artillerie.

Les armées impériales se composaient : 1° de grosse cavalerie bardée de fer et de cavalerie légère ; 2° d'infanterie et de dragons, 3° d'artillerie divisée en grosse artillerie de position et artillerie légère.

L'infanterie impériale était armée principalement de piques de 18 pieds et de lourds mousquets. La poudre était de deux sortes : l'une grossière pour la charge, et l'autre plus fine pour l'amorce.

La poudre à charges était contenue dans des étuis en bois contenant chacun une charge ; la poudre à amorcer était renfermée dans une poire à poudre, et les balles dans une poche en cuir. Ce chargement était forcément très-long et le tir lent. Pour résister à la cavalerie turque, l'infanterie impériale, ne pouvant compter sur l'action du feu, devait donc, en grande partie, se servir de sa pique de 18 pieds.

Aussi Montecuculli disait-il, avec juste raison, que la pique est la reine des armes pour l'infanterie. Malgré cet armement défectueux, Montecuculli ajoute :

« L'infanterie est comme la base et le soutien de l'armée, soit « pour les batailles, soit pour les siéges, et c'est avec elle que les « Romains et les Suisses ont fait des choses si admirables.

« Les dragons sont encore de l'infanterie à qui on donne des « chevaux pour aller plus vite. L'infanterie doit donc faire la prin- « cipale force et la plus grande partie de l'armée. »

VI

Campagnes de Turenne et de Condé.

C'est dans les *Mémoires de Turenne* que nous étudierons l'influence du feu de l'infanterie sur le sort des batailles, pendant les campagnes de Turenne et de Condé. Nous examinerons successivement les principales batailles et combats, sans faire de citations qui auraient l'inconvénient de nous faire dépasser outre mesure les limites restreintes de notre travail. Nous préférons renvoyer le lecteur aux documents originaux où il pourra vérifier nos assertions. Cette méthode sera employée exclusivement dans la suite ; nous nous attacherons simplement à corroborer nos opinions par l'étude des mémoires et ouvrages militaires qui font autorité et dont il est impossible de contester la valeur.

Dans la campagne de 1644, où Turenne et Condé agissent ensemble, les sanglantes batailles de Fribourg et de Nordlingue furent gagnées par la ténacité de l'infanterie française, qui éprouva de très-grandes pertes.

Dans les guerres de France, Turenne perd contre Condé la bataille de Rethel, par suite de son infériorité numérique en infanterie. La sienne est défaite et se rend, excepté le régiment de Turenne, qui refuse et fait payer cher sa victoire à l'armée royale.

Le combat d'Étampes fut gagné par l'infanterie de Turenne, et principalement par son régiment.

Dans la campagne de Flandre, l'armée espagnole, commandée par Condé, fut vaincue à la bataille des Dunes par l'infanterie anglaise et française de Turenne. La cavalerie française avait d'abord été repoussée, mais la cavalerie espagnole, qui la poursuivait, fut arrêtée net et mise en déroute par le feu des gardes de Turenne et des Suisses.

Pour l'étude des autres campagnes de Turenne, de celles de Créquy, du maréchal de Luxembourg, de Catinat, de Villeroy, de Vendôme, de Villars, de Tallard, de Berwick, nous nous servirons exclusivement des *Mémoires de Feuquières*, œuvre importante dont la valeur, pour l'étude de toutes ces campagnes, est universellement reconnue, et qui faisait dire à Frédéric II que « Feuquières était l'aristarque des généraux. »

VII

Guerres de Louis XIV.

Le combat de Voerden, dans la campagne de Luxembourg, en 1672; le combat de Sintzheim et la bataille d'Entzheim, dans la campagne de Turenne, en 1674; la bataille d'Altenheim, dans la campagne de 1675; la bataille de Fleurus, la bataille de Staffarde, dans les campagnes de 1690, de Luxembourg et de Catinat, sont gagnées, d'après cet auteur, par l'infanterie française.

Le combat de Leuze, dans la campagne de 1691, fut gagné par le maréchal de Luxembourg, parce que le prince d'Orange, comme le fait judicieusement remarquer Feuquières, « négligea de « placer de l'infanterie pour recevoir son arrière-garde de cavalerie « et la protéger au passage du pont. »

La bataille de Steinkerque, dans la campagne de Luxembourg, en 1692, fut une victoire due à la solidité de l'infanterie française surprise dans son camp. Mais la bataille de Neerwinde, en 1693, nous donne l'exemple le plus concluant de toutes ces guerres.

Guillaume d'Orange était retranché. Il avait en batterie plus de 100 pièces de canon, dont beaucoup de fort calibre. Outre ces pièces il avait un certain nombre d'obusiers de 24, arme dont personne ne s'était encore servi jusque là sur les champs de bataille. Il fut vaincu malgré toute cette belle artillerie, qui tomba presque tout entière entre les mains de l'infanterie française attaquant avec une grande impétuosité.

La même année, à la Marsaille, une charge à la baïonnette de 20 bataillons français décide de la victoire

Après la campagne de 1693, nous pouvons considérer comme terminée la première période des guerres de Louis XIV, conduite par Turenne et Condé, dont les dignes successeurs, Luxembourg, Créquy et Catinat, surent profiter des leçons de leurs maîtres et obtenir de grands succès avec leur infanterie, en se servant seulement de leur artillerie comme d'un accessoire utile. Les victoires qu'ils ont remportées ont toujours été décisives.

Dans la campagne de 1694, le maréchal de Luxembourg força Guillaume d'Orange à battre en retraite sans combattre. Ce fut la plus belle et la dernière campagne de Luxembourg. Les campagnes de 1695 et 1696, dirigées par l'incapable Villeroy, se bornèrent à la prise de Dixmude ; celle de 1697, à la prise d'Ath.

Pendant les guerres du commencement du règne de Louis XIV le nombre des mousquetaires augmente rapidement, tandis que celui des piquiers diminue. On voit en même temps, comme conséquence forcée, diminuer également l'épaisseur des bataillons d'infanterie.

VIII

L'adoption du fusil à baïonnette pour toute l'armée française, en 1703, a pour conséquence la diminution en profondeur de l'ordre de bataille.

L'invention du fusil à silex détermine, en 1670, la création d'une compagnie de grenadiers armée de fusils avec baïonnettes montées sur des manches en bois. Cette compagnie prit place à l'extrémité de la manche de droite. A cette même époque on institua également 4 fusiliers par compagnie d'infanterie.

Il y avait donc dans l'armement d'un bataillon d'infanterie française des fusils, des mousquets et des piques ; mais le nombre de ces dernières allait toujours en diminuant. Aussi, en 1678, l'effectif des bataillons fut réduit à 690 hommes et la profondeur de l'ordre de bataille descendit à 5 rangs. Après la victoire de Steinkerque (1692), nos soldats, jetant leurs lourds mousquets, s'armèrent de fusils abandonnés sur les champs de bataille par les troupes de Guillaume.

L'invention de la baïonnette à douille creuse permit de donner au fusil les qualités d'une arme de main.

En 1703, Louis XIV, contrairement à l'avis des militaires de ce temps, ordonna la suppression de la pique et l'adoption générale du fusil à silex avec baïonnette à douille. L'ascendant du génie de Vauban ayant brisé la résistance de la routine, toutes les armées de l'Europe suivirent cet exemple, et à la bataille de Hochstedt, en 1704, où combattirent les infanteries de huit nations, on ne fait pas mention d'un seul bataillon de piquiers. Comme conséquence immédiate, dans la campagne de 1703 certains bataillons se formèrent sur 4 rangs, et cette formation fut celle de la fin des guerres de Louis XIV pour toute l'infanterie française.

Dans ces guerres, nous voyons diminuer de beaucoup la qualité de l'infanterie, quoique son armement eût été notablement amélioré par le fusil à baïonnette.

Le recrutement devenant très-difficile par les engagements volontaires ou plutôt par le racolement, Louis XIV fut obligé d'avoir recours aux milices après la bataille d'Hochstedt, où le reste de la vieille infanterie de Créquy, de Catinat et de Vendôme avait été tué ou pris dans le village de Bleinheim.

« On convoqua l'arrière-ban, on leva 30,000 hommes de milice « et on ouvrit la campagne suivante avec des forces égales à celles « des alliés. » (LAVALLÉE, *Histoire militaire des Français*.)

Ramillies, Turin et Oudenarde désorganisèrent bientôt cette infanterie formée à grands frais. Il fallut faire de grands sacrifices pour reformer les armées.

« Un frissonnement de patriotisme parcourt toutes les classes de « la société, et le sentiment national, joint aux horreurs de la faim, « jeta dans l'armée une foule de paysans et de pauvres gentils- « hommes. » (LAVALLÉE.)

L'armée qui combattit vaillamment mais infructueusement à Malplaquet était composée de « 10,000 hommes de milices mal armées, « mal habillées, sans discipline. » (LAVALLÉE.) Dans cette campagne, ces milices supportèrent toute espèce de privations. « C'est « une merveille que sa vertu et sa fermeté à souffrir la faim, » disait Villars en parlant de ses soldats. « L'armée française manquait « de pain depuis deux jours et on faisait une distribution de vivres « quand le canon ennemi se fit entendre. Aussitôt ces milices, « tirées la veille de la charrue, jetèrent leur pain avec des cris de « joie et coururent au combat. » (LAVALLÉE.)

Ces milices, vaincues à Malplaquet malgré leur courage, par suite des mauvaises dispositions tactiques prises par leur général, sauvèrent cependant la France à Denain.

IX

La médiocre qualité de l'infanterie de la fin des guerres de Louis XIV fait augmenter la quantité d'artillerie de campagne.

Au fur et à mesure de la diminution de solidité de l'infanterie, l'artillerie tend à augmenter le nombre de ses batteries pour suppléer à l'infériorité de l'infanterie, et cependant toutes les batailles de la fin du règne de Louis XIV seront gagnées par l'infanterie ou perdues par sa faute, quand elle aura été repoussée ou mise en désordre. C'est ce que démontre clairement l'étude des principales affaires de ces guerres.

La bataille de Luzzara, en 1702, fut une surprise de l'armée française ; mais l'infanterie, comme à Steinkerque, gagna la bataille. Friedlingen, dans cette même campagne, est encore un succès qui lui appartient.

La bataille de Spire (1703) est le premier exemple d'une infanterie en bataille (*infanterie allemande*) chargée et enfoncée par une infanterie (*française*) en colonne de route.

Crémone fut une surprise de l'armée française et un succès dû uniquement à l'infanterie. La bataille de Hochstedt, en 1704, fut perdue parce que la meilleure partie de l'infanterie française fut entassée à l'aile droite dans le village de Blenheim, où elle demeura inutile et se rendit sans combattre, une fois le centre enfoncé. Feuquières prouve que le succès des alliés fut dû au feu de l'infanterie anglaise.

La bataille de Ramillies (1706) fut gagnée par les bonnes dispositions tactiques de l'infanterie de Marlborough, tandis que Villeroy avait disposé la sienne d'une façon inepte.

Cassano (1706), gagnée par Vendôme, doit être étudiée dans le chevalier Folard, qui raconte cette bataille d'une façon très-prolixe, mais qui en attribue le gain à la solidité de quelques vieux régiments d'infanterie, notamment celui de la Marine.

Les lignes de Turin, défendues par 60,000 hommes dispersés sur toute l'étendue de la fortification, de 5 lieues de développement, furent forcées la même année par le prince Eugène avec 35,000 hommes qui n'eurent réellement affaire qu'à 10,000 ou 12,000 hommes seulement. Une fois la ligne percée, la déroute se mit dans tout le reste de l'infanterie française.

La bataille de Malplaquet (1709) est encore perdue par l'infanterie française, quoiqu'elle fût retranchée et qu'elle eût en batterie environ 60 pièces. Les milices qui composaient l'armée de Villars se battirent courageusement ; mais elles perdirent la bataille, dès que le prince Eugène, avec 30 bataillons d'infanterie, eut enlevé les retranchements du centre.

Enfin, le gain de la bataille de Denain, qui sauva la France, est dû à notre infanterie, qui enlève les retranchements malgré le feu de l'artillerie et de l'infanterie ennemies.

Ainsi donc l'étude de la fin des guerres de Louis XIV nous prouve l'influence de l'infanterie sur le sort des batailles. Nous voyons déjà que les infanteries du Nord ont une tendance à se servir exclusivement du feu dans les combats ; que notre infanterie, au contraire, se sert tantôt du feu, tantôt de la charge à la baïonnette. Mais nous voyons également que ses succès à Luzzara, à Spire, à Cassano et à Denain sont dus à l'offensive qu'elle prend en attaquant l'infanterie ennemie, et que ses revers à Hochstedt, à Ramillies, à Malplaquet, proviennent de ce que ses généraux, au lieu d'utiliser son ardeur naturelle, la forcent de recevoir passivement l'attaque ennemie.

L'adoption du fusil à silex, en 1703, en France et presque immédiatement à l'étranger, avait fait diminuer jusqu'à 4 rangs l'épaisseur de l'infanterie française. Dans la guerre de Sept ans, cette épaisseur descendit à 3. Cette formation tactique a duré non-seulement tout le temps que le fusil à silex est resté dans les mains de l'infanterie, mais même après que le fusil à percussion l'eut remplacé. Il est vrai de dire que le fusil à percussion n'avait pas plus de portée que le fusil à pierre, n'était guère plus juste et n'avait sur lui que l'avantage de donner moins de ratés.

X

Etude balistique du fusil à silex employé depuis 1703 jusqu'en 1830 par toutes les armées européennes.

Il importe donc, dès maintenant, d'étudier cette dernière arme au point de vue balistique. Le premier modèle régulier français remonte à 1717; de cette date à 1822, il y a eu 16 modèles de fusil à silex d'infanterie. Mais tous ces modèles ne diffèrent entre eux que par des modifications de détail dans les garnitures et à la platine. Le calibre reste le même (7 lignes, 9 points), soit 17^{mm},5 avec tolérance de quelques dixièmes de millimètre en plus ou en moins.

L'armement des puissances étrangères est à peu près le même. Les calibres employés sont dits de 16 à 18 et les balles de 19 à 22 à la livre, c'est-à-dire que les calibres varient de 17 à 18^{mm} et les balles sphériques de 16 à 17^{mm}.

Les charges de poudre oscillent entre 9 et 11 grammes; un peu plus que la charge du 1/3 et moins que la charge du 1/2. Du reste le calibre des balles et le poids de leur charge de poudre a varié sensiblement chez chaque puissance, suivant les époques.

En France, la balle était d'abord de 20 à la livre, soit 16^{mm}, avec une charge de 1/40 de livre, 12^{gr},50. Mais, à plusieurs reprises, on se servit de balles d'un calibre plus faible, notamment pendant la Révolution, à cause de l'imperfection des poudres de cette époque.

Nous pouvons donc dire que l'armement de toutes les puissances européennes était à peu près le même. Nous ne faisons exception que pour l'Angleterre, qui avait un calibre de 19^{mm},3 avec une balle de 17mm,8 du poids de 31gr,50 ou 15 à la livre, et une charge de poudre de 9gr,50.

Il est vrai de dire que ce fusil pesait 5k,250 avec sa baïonnette, tandis que celui des autres puissances ne dépassait guère 4k,750.

Toutes ces armes n'avaient qu'une seule ligne de mire fixe. Comme la charge de poudre était très-forte, la trajectoire était d'abord très-tendue.

Le but en blanc variait de 100 à 150 mètres avec une flèche de 0m,15 à 0m,30. On voit que cette flèche, bien plus petite que la demi-hauteur de l'homme (0m,85), permettait de le viser directement à la ceinture jusqu'au but en blanc. Mais, après ce but en blanc, la trajectoire s'infléchissait rapidement et rencontrait le sol de 200 à 250 mètres. C'était la portée maximum. On n'aurait pu obtenir une portée plus grande qu'en visant l'ennemi à la tête ou même au-dessus, c'est-à-dire en se servant de règles de tir.

Or, les troupes de cette époque n'avaient aucune instruction sur le tir. On enseignait au soldat à charger et à épauler à peu près dans la direction du but, généralement sans viser. Bien peu de puissances exerçaient leur infanterie au tir. Si l'on songe en outre que le fusil à balle sphérique a fort peu de justesse, puisque à 200 mètres ses écarts moyens sont déjà de 1m,70, soit la hauteur moyenne d'un homme, et que ses écarts extrêmes à cette même distance peuvent aller jusqu'au double (3m,50), nous pouvons poser en principe qu'après 250 mètres le tir n'avait aucune espèce d'efficacité.

Mais sur des lignes de bataille étendues, ayant 3 ou 4 hommes d'épaisseur, le tir aux distances en deçà du but en blanc, de 100 à 150 mètres, devait avoir un grand effet utile à cause de la tension de la trajectoire.

Il suffisait dans ce cas de disposer l'arme horizontalement, à peu près à demi-hauteur d'homme, pour obtenir une nappe de projectiles balayant tout sur son passage, la hauteur de cette nappe ne dépassant guère la ligne ennemie.

Il en résultait naturellement que les troupes qui réservaient leur feu pour tirer de près devaient avoir et avaient en effet une grande supériorité sur les troupes qui tiraient de loin, c'est-à-dire à 250 mètres et au delà.

Il faut venir jusqu'en 1773 pour trouver un auteur qui s'occupe sérieusement du fusil d'infanterie.

Guibert, dans ses *Essais de tactique*, donne le premier une théorie de la trajectoire et des règles pratiques du tir :

« Pour qu'une balle de fusil atteigne au but que l'on veut frapper,
« il ne faut pas toujours précisément prendre sa visée vers ce but,
« et il faut mirer au-dessus ou au-dessous de lui, suivant que ce but
« est plus ou moins éloigné. »

Et plus loin il écrit encore :

« Ce n'est guère qu'à 80 toises (160 mètres) que le feu de l'infan-« terie commence à avoir un grand effet. Je parle de l'infanterie « rangée en bataille et dans le tumulte du combat. Par delà cette « distance, les coups deviennent incertains, parce que le soldat « charge, ajuste mal, vite et avec trouble. »

Il estimait en outre jusqu'à 180 toises (350 mètres) la portée horizontale du fusil. Mais il veut parler évidemment de la portée obtenue après plusieurs ricochets de la balle. Pour atteindre de plein fouet cette portée de 350 mètres avec le fusil à silex modèle 1822 et la balle de 18 à la livre, il aurait fallu viser à 8 mètres environ au-dessus du but, et à 12 mètres pour atteindre à 400 mètres. A ces distances, les écarts moyens étaient de 5 et de 7 mètres, et les écarts extrêmes de 16 et de 25 mètres environ. Le tireur, tout en visant bien, pouvait manquer une maison à 4 étages.

Guibert aurait dû dire qu'à 250 et 300 mètres, il aurait fallu l'application des règles de tir pour obtenir un effet utile d'une arme dont la portée ne dépassait guère 250 mètres avec une ligne de mire fixe.

Il est assez remarquable que cette portée de 80 toises soit également indiquée par un devancier de Guibert, le maréchal de Puységur, dans son *Art de la guerre*.

XI

Folard nie la supériorité du feu et veut rétablir l'ordre profond en armant de nouveau l'infanterie de piques.

A peine le fusil à baïonnette est-il adopté partout que, chose bizarre, la question de la supériorité du feu sur le choc ou de la balle sur la baïonnette est niée par quelques esprits rétrogrades, qui basent leur système sur des preuves qui paraissent à première vue plausibles. Le chevalier Folard est le premier qui ait élevé cette théorie à la hauteur d'un principe.

Entré au service en 1685, c'est-à-dire encore à l'époque de l'armement mixte en piques et mousquets, ayant vu ensuite le fusil à baïonnette et trouvant le tir en campagne très-imparfait, cet auteur le déclare inférieur à l'action de la baïonnette. Comme conséquence logique, renonçant à l'ordre déployé qui seul permet le feu, il revient à l'ordre profond en colonne de 20 hommes d'épaisseur qui lui paraît préférable pour charger.

Sans nier l'action du feu, il s'en sert seulement comme accessoire :

« Dans les attaques, dit-il, les colonnes doivent être soutenues par

« des bataillons en bataille, qui opposent leur feu à celui de l'ennemi, « afin d'empêcher qu'elles ne perdent trop de monde avant de pou- « voir l'aborder. »

Et cependant, si l'action du feu doit céder le pas à celle du choc, pourquoi l'expérience avait-elle rejeté l'armement mixte, piques et mousquets, qui est bien meilleur pour le choc? car dans une charge en colonne, des piques de 14 pieds ont un grand avantage sur des fusils à baïonnette de 6 pieds seulement. Au lieu de s'en prendre à la mauvaise instruction du tir des troupes pour expliquer le peu d'effet du feu, Folard s'en prend à l'arme. Pourtant, Feuquières avait dit avant lui :

« On s'est aussi enfin défait des piques, et on a reconnu qu'un « bataillon fraisé de baïonnettes et dont il sortait un grand feu était « plus capable de résister à la cavalerie en plaine, que mal fraisé « du peu de piques qu'on pouvait conserver dans la suite d'une « campagne. »

Puységur dit également :

« Il est reconnu que la baïonnette au bout du fusil est la meilleure « arme dont on se serve aujourd'hui, parce qu'elle est en même « temps arme de main, comme serait une hallebarde, et en même « temps arme de jet. »

Puységur demande, en outre, que l'on double le nombre de cartouches portées par le soldat, et en donne d'excellentes raisons :

« Il est donc nécessaire d'augmenter aux nôtres le nombre de « cartouches, afin que, dans l'occasion où l'action demande un feu « redoublé et prompt, ils ne puissent point en manquer, ce qui n'ar- « rive que trop souvent, surtout à nous autres Français. C'est aux « officiers d'avoir soin que les soldats ne dissipent point la poudre « mal à propos. C'est un fait connu de tout le monde à la guerre. « Il est constant que si 8,000 hommes font feu contre 6,000, qu'ils « tirent aussi vite les uns que les autres, et qu'ils soient à bonne « portée et également à découvert, les 8,000 en peu de temps « détruisent les 6.000. Mais si les 8,000 sont plus longtemps à « charger leurs armes et qu'ils ne soient pas exercés à tirer bien « juste, comme on voit des bataillons faire des décharges de toutes « leurs armes contre d'autres, sans cependant voir tomber personne, « je jugerai, pour lors, que les 6,000 pouvaient l'emporter sur les « 8,000. »

Après avoir discuté le cas où la supériorité du feu est nécessaire, il termine en disant :

« Aussi, l'arme à feu est celle qui détruit le plus d'hommes, et « surtout aujourd'hui. Pour en être bien persuadé, il n'y a qu'à « aller aux hôpitaux, vous verrez combien il s'en trouve de blessés « par les armes blanches, en comparaison du nombre qui le sera

« par les armes à feu. Ma proposition n'est pas avancée légèrement, « mais avec connaissance. »

Puységur est un auteur qui, comme Feuquières, peut parler en maître. De 1670 à 1743, il prit une part importante à toutes les campagnes de Louis XIV et de Louis XV.

XII

Mode de combattre des diverses infanteries européennes à la fin du règne de Louis XIV.

Nous trouvons aussi dans son *Art de la guerre* la description du mode de combattre des diverses armées européennes :

« Voici encore des manières différentes de faire combattre des « armées l'une contre l'autre en plaine ; car cela n'est pas uni- « forme chez toutes les nations. Assez souvent, celle qui se trouve « en bataille attend l'autre de pied ferme, et quand celle-ci est bien « près, l'infanterie, genou en terre, lui tire son feu et se relève pour « la recevoir la baïonnette au bout du fusil.

« La cavalerie tire aussi et laisse tomber son mousqueton. La dé- « charge de l'infanterie fait tomber beaucoup de monde quand elle « est faite à propos, de près et par des gens fermes ; ce qui fait « quelquefois tourner le dos à quelque partie de la ligne ennemie. « Mais, le plus souvent, quand cette ligne qui marche est composée « de bonnes troupes, elle se presse d'entrer dans la ligne qui a tiré, « comptant le grand danger passé ; celle-ci a peine à soutenir cette « impétuosité.

« D'autres fois, quand celle qui attend voit la ligne des ennemis « à 80 toises environ, elle fait par rang ou par division un feu con- « tinuel, ce qui oblige la ligne des ennemis de se presser de mar- « cher, et, dans un si long espace, de se rompre en marchant ; « quand elle est près, celle qui est arrêtée s'ébranle pour la charger, « et la trouvant un peu en confusion, parce que les bataillons et « escadrons sont dérangés, que les files sont les unes trop ouvertes, « les autres trop serrées, elle a l'avantage sur elle, que les siennes, « au contraire, n'étant pas ouvertes et étant en droite ligne, tout « peut charger en même temps.

« Il y a encore des troupes qui ne se défendent qu'à coups de « feu ; si on le soutient et que l'on avance sur elles la baïonnette au « bout du fusil, elles se défendent mal à coups de main. Pour ce « qui est des troupes nouvelles ou médiocres, elles marchent tou- « jours mal en ligne, et si elles sont arrêtées, les unes tirent de loin « et les autres de plus près ; après quoi, le plus grand nombre « tourne le dos pour n'être pas joint. »

Comme on le voit, Puységur n'est partisan ni du feu, ni du choc d'une manière absolue, et l'on sent l'homme de guerre pratique qui donne la préférence à l'action du feu combinée à celle du choc. Ebranler l'ennemi par un feu vif, à bonne portée, l'arrêter et le bousculer. Les infanteries qui tirent de trop loin et celles qui tirent de trop près n'ont pas son approbation.

XIII

Guerres de Frédéric II, roi de Prusse, et du maréchal de Saxe.

Après la fin des guerres de Louis XIV, nous ne trouvons pas d'étude plus intéressante pour notre sujet que l'histoire des guerres de Frédéric II et du maréchal de Saxe.

Nous pouvons considérer l'*Histoire de mon temps* et l'*Histoire de la guerre de Sept ans* du roi de Prusse comme des œuvres dignes de foi, et nous puiserons dans ces ouvrages des renseignements importants et précieux sur le mode d'action de l'infanterie. Dans tous les faits de guerre que nous allons citer, nous y renvoyons le lecteur ; mais auparavant, il est bon de dire quelques mots de l'armée prussienne.

Cette armée avait été formée par le père de Frédéric, l'électeur de Brandebourg. La cavalerie et l'artillerie en étaient médiocres. L'infanterie en faisait la principale force. Voici dans quels termes s'exprime Frédéric dans son introduction de l'*Histoire de mon temps* :

« Avant la guerre de Succession, la moitié des bataillons portait « des piques et l'autre des mousquets, et ils combattaient sur six « lignes de profondeur. On se servait de ces piques contre la cava- « lerie ; les mousquets faisaient un feu faible et rataient souvent à « cause des mèches. Ces inconvénients firent changer d'armes ; on « quitta les piques et les mousquets, on les remplaça par des fusils « armés de baïonnettes ; ce qui réunit ce que le feu et le fer ont de « plus terrible. Comme on fit consister dans le feu la force des ba- « taillons, on diminua peu à peu leur profondeur en les étendant. « Le prince d'Anhalt, qu'on peut appeler un mécanicien militaire, « introduisit les baguettes en fer, il mit les bataillons à 3 hommes « de hauteur ; et le défunt roi, par ses soins infinis, introduisit une « discipline et un ordre merveilleux dans les troupes et une préci- « sion jusque-là inconnue en Europe pour les mouvements et les « manœuvres. Un bataillon prussien devint une batterie ambulante « dont la vitesse et la charge triplaient le feu, et donnaient aux Prus- « siens l'avantage de trois contre un. Les autres nations imitèrent « depuis les Prussiens, mais imparfaitement. »

La bataille de Molwitz (1741) est le premier début de l'infanterie prussienne.

La cavalerie prussienne est mise en déroute par la cavalerie impériale; mais l'infanterie, par son calme et la précision de ses feux, arrêta la cavalerie ennemie, repoussa l'infanterie autrichienne et remporta la victoire.

La même année, la bataille de Chotuzitz fut encore gagnée par l'infanterie prussienne, les deux cavaleries, prussienne et autrichienne, n'ayant pas obtenu l'une sur l'autre de succès décisifs.

En 1743, le maréchal de Noailles perd contre les alliés (Anglais, Hanovriens, Autrichiens) la bataille de Dettingen, qui aurait dû être un succès pour nous. L'infanterie française, attaquant en désordre la ligne ennemie, est arrêtée par son feu, mise en déroute et jetée dans le Mein, malgré une artillerie formidable en batterie sur l'autre rive.

Le succès de la bataille de Fontenoy (1745) est dû à la ténacité du maréchal de Saxe.

Cette bataille semblerait donner gain de cause aux partisans des colonnes et du choc de l'infanterie. Il n'en est rien cependant, et l'examen approfondi du récit de l'action dans l'*Histoire de mon temps* prouve que c'est cette formation profonde qui a fait perdre la bataille aux Anglais.

La ligne d'infanterie française entre le village de Fontenoy et le bois de Barry est écrasée sous le feu terrible de la ligne anglaise. Mais, comme le fait remarquer le roi de Prusse, le feu croisé qui partait de Fontenoy et des redoutes faisait beaucoup de mal aux flancs des deux lignes anglaises.

« Ceux-ci en souffrirent, se rétrécirent ; son centre, qui en souf-
« frait moins, continue à avancer, et comme ses ailes se repliaient
« en arrière, son corps prit une forme triangulaire qui, par la con-
« tinuation du mouvement du centre et par la confusion, se changea
« en colonne. »

Et plus bas Frédéric II ajoute, en parlant des généraux alliés :

« Il leur était facile de séparer leur colonne en deux, et, par un
« à-droite et un à-gauche, ils prenaient en flanc toute l'infanterie
« qui leur restait opposée. Ils auraient dû en même temps faire
« avancer la cavalerie pour soutenir leurs colonnes ainsi divisées ;
« il est probable que c'en aurait été fait des Français si les alliés
« avaient suivi ces idées. Mais, dans le temps que ceux-ci voulaient
« remédier à leur propre confusion, le maréchal de Saxe les fit
« attaquer par la maison du roi et par les Irlandais qu'il avait
« mis en réserve, et il fortifia cette attaque par les décharges de
« quelques batteries formées à la hâte. Les Anglais se virent ainsi
« assaillis à leur tour : on les pressa de tous côtés, en front comme

« sur les flancs. Après une vigoureuse résistance, ils plièrent, « se rompirent, et les Français les poursuivirent jusqu'au bois de « Barry. »

Nous avons cité textuellement l'appréciation de cette bataille, parce qu'elle a été interprétée de diverses façons, surtout par les partisans de l'ordre profond, tandis qu'au contraire, d'après le récit du roi de Prusse, on voit la supériorité de l'ordre mince sur l'ordre profond. Une fois formés en masses compactes, les Anglais perdirent beaucoup de monde par l'artillerie française; s'ils étaient restés en ligne déployée, il est plus que probable qu'ils auraient bien mieux résisté et achevé leur succès.

Cette même année (1745), les batailles de Friedberg, de Sohr et de Kesseldorf sont gagnées par l'infanterie prussienne; et cependant, à Sohr, cette infanterie exécute un déploiement et un changement de front sous le feu de 28 pièces autrichiennes. A Kesseldorf, le village de ce nom, clef de la bataille, était défendu par tous les grenadiers de l'armée autrichienne et 24 pièces de fort calibre. L'infanterie prussienne, repoussée deux fois avec de grandes pertes, revient à la charge et emporte le village.

Comme nous l'avons vu dans diverses batailles du règne de Louis XIV, et notamment celle de Steinkerque, une bonne et solide infanterie a rarement été arrêtée par le feu de l'artillerie ennemie, quelque meurtrier qu'il fût, quand les formations tactiques de cette infanterie ont été convenables.

Raucoux et Lawfeld (1746) sont des batailles gagnées par le maréchal de Saxe, grâce à l'élan de l'infanterie française.

La guerre de Sept ans, triomphe de Frédéric, est en même temps le plus éclatant témoignage de l'immense importance d'une bonne infanterie. Seul contre les plus grandes puissances de l'Europe, ce monarque tient tête à ses ennemis. Son excellente infanterie lui fait gagner les batailles de Dresde et de Lowositz en 1756, et la bataille de Prague en 1757.

Dans cette dernière action, les Autrichiens avaient une très-nombreuse artillerie retranchée dans de belles positions. L'infanterie prussienne fut repoussée à son aile gauche; mais le centre et l'aile droite purent, après de nombreuses pertes, enlever les batteries ennemies et refouler l'infanterie autrichienne. Enhardi par ce succès, Frédéric attaque à Kollin le maréchal Daun dans une position formidable. Malgré la bravoure de son infanterie, il ne put forcer les retranchements autrichiens, et, après un choc furieux, il est vaincu avec une perte de 15,000 hommes sur 30,000.

Sa situation semblait désespérée; Rosbach le sauva par l'incurie de Soubise, qui, attaqué dans une marche de flanc, vit en peu de temps son armée en déroute par suite de la lâcheté de l'infanterie des Cercles-Allemands, qui, au premier coup de feu, jeta ses armes et s'enfuit.

Mais la bataille de Lissa ou Leuthen mit le comble à la réputation militaire du roi de Prusse. Avec 32,000 hommes d'infanterie, sans autre artillerie que quelques pièces régimentaires, il attaqua l'armée autrichienne, forte de 70,000 hommes, munie d'une nombreuse artillerie, et la mit en pleine déroute.

Nous ne citerons pas les batailles de Crevelt (1758), de Minden et de Willighausen (1759), perdues par la faute des plus ineptes généraux qui aient jamais commandé des armées françaises.

Toutes ces batailles sanglantes usaient la vieille infanterie de Frédéric : il ne pouvait la recruter qu'à grand'peine. Aussi chercha-t-il à la remplacer par l'artillerie, dont il augmenta peu à peu la quantité, jusqu'à mettre en batterie à Burkersdorf 306 canons pour une armée de 89,000 hommes.

Cette artillerie contribue au gain de la bataille de Zorndorf (1758) sur les Russes, mais elle ne l'empêcha pas de perdre les batailles de Bautzen (1758), de Kienersdorf (1759), d'avoir un corps de 18,000 hommes pris en rase campagne par Daun, de perdre encore en 1760 la bataille de Dresde.

Il bat cependant Laudon à Leipnitz et Daun à Torgau la même année. Mais ces deux batailles, où chaque général mit en ligne une masse énorme d'artillerie, furent très-peu décisives et n'eurent aucun résultat. Elles furent très-meurtrières, surtout à Torgau, où les Autrichiens perdirent 20,000 hommes et les Prussiens 16,000, tandis que les victoires du commencement de son règne avaient été bien moins sanglantes et plus décisives.

En 1761, Frédéric « n'avait plus que des troupes jeunes, mau-
« vaises, recrutées à grands frais parmi tous les aventuriers de
« l'Allemagne. » (Lavallée. *Histoire militaire des Français.*)

Aussi, après la paix de 1763, il perfectionna encore son artillerie de campagne, et on n'est pas étonné de lire dans ses *Œuvres posthumes :*

« Les résultats obtenus par l'artillerie dans les dernières guerres
« en ont fait l'élément principal des armées. »

Il aurait pu ajouter avec juste raison : « Quand on a une infanterie médiocre ou mauvaise. »

L'Autriche, à la fin de la guerre de Sept ans, avait également apporté à son artillerie des modifications qui la rendaient presque l'égale de l'artillerie prussienne.

Ce ne fut qu'en 1774 que Gribeauval réforma l'artillerie de campagne française en introduisant les obusiers, en allégeant et raccourcissant beaucoup les canons ordinaires.

XIV

Opinion de Frédéric II sur l'artillerie et le feu de l'infanterie.

Les idées de Frédéric sur le mode d'action de l'infanterie dans le combat sont très-catégoriques. Il n'adopte jamais l'ordre profond, et, tout en reconnaissant la supériorité du feu sur le choc, il emploie ce mode d'attaque combiné avec le premier, et il est en cela beaucoup plus logique que le maréchal de Saxe.

Nous trouvons dans ses instructions à ses généraux, la veille de la bataille de Friedberg :

« L'infanterie prussienne marchera à grands pas à l'ennemi. Pour « peu que les circonstances le lui permettent, elle fondra sur lui à « la baïonnette ; s'il faut faire feu, elle ne tirera qu'à 150 pas. »

Sages maximes, judicieux conseils. En limitant à 150 pas (110 mètres environ) le tir de son infanterie, Frédéric reconnaissait l'inutilité du feu du fusil à pierre aux distances plus éloignées. A Prague, il avait défendu à ses troupes de tirer et avait donné l'ordre de charger à la baïonnette. Dans les instructions militaires pour ses généraux, le roi de Prusse dit encore :

« L'infanterie marchera à grands pas à l'ennemi. Les comman- « dants des bataillons auront attention de percer l'ennemi, de l'en- « foncer et de ne faire usage de leur feu que quand il aura tourné « le dos.

« Si les soldats commençaient à tirer sans ordre, on leur ferait « remettre leurs armes sur l'épaule, et ils avanceraient sans s'ar- « rêter.

« On fera des décharges par bataillon lorsque l'ennemi commen- « cera à plier.

« Une bataille engagée de cette façon sera bientôt décidée..... »

XV

Opinion du maréchal de Saxe sur le feu et le choc de l'infanterie.

Les opinions de Folard sur le choc et sur l'ordre profond furent adoptées par le maréchal de Saxe, qui, partant du même point de vue, le mauvais tir de notre infanterie et sa tendance à joindre l'ennemi corps à corps, voulut remplacer la baïonnette par la pique.

Voici ce qu'il dit dans ses *Rêveries* :

« Que deux bataillons s'attaquant marchent l'un à l'autre sans « frottement, sans se doubler, sans se rompre : lequel emportera

« l'avantage, de celui qui s'est avancé à tirer ou de celui qui n'aura « pas tiré ? Les gens habiles me diront que c'est celui qui aura « conservé son feu, et ils auront raison : car, outre que celui qui a « tiré est décontenancé s'il voit marcher à lui, à travers la fumée, « des gens qui ont conservé leur feu, il faut qu'il s'arrête pour re- « charger ou du moins qu'il marche bien lentement : et il est perdu « lorsque l'autre marche à lui d'un grand pas avec célérité.

« Si la dernière guerre avait duré encore quelque temps, l'on se « serait battu indubitablement de part et d'autre à l'arme blanche, « parce que l'on commençait à connaître l'abus de tirer, car en « tirant on fait plus de bruit que de mal, et on est toujours battu.

« Or, si on ne tirait plus, je crois que l'on changerait bien vite « et la méthode de se mettre à trois ou quatre de hauteur sur un « grand front, et les armes que l'on a à présent : car à quoi servi- « rait ce front lent et pesant à se mouvoir contre des gens qui mar- « cheraient avec plus de célérité et qui se remueraient avec plus « d'aisance ? »

Puis le maréchal propose un ordre mixte composé de pelotons sur huit rangs de profondeur, à intervalles de déploiement, pour avoir un front égal à celui de l'infanterie ennemie sur quatre rangs.

Il dit ensuite :

« Et la poudre n'est pas si terrible qu'on le croit. Peu de gens « dans les affaires sont tués, et par devant. J'ai vu des salves en- « tières ne pas tuer quatre hommes, et je n'en ai jamais vu, ni per- « sonne, je pense, qui aient causé un dommage assez considérable « pour empêcher d'aller en avant, et de s'en venger à grands coups « de baïonnette et de fusil tirés à brûle-pourpoint. C'est là où il se « tue du monde, et c'est le victorieux qui tue.

« M. de Greder, homme de réputation, qui a longtemps com- « mandé le régiment d'infanterie que j'ai en France, avait toujours « pour maxime de faire porter le mousquet sur l'épaule dans les af- « faires ; et, pour être encore plus maître du feu, il ne faisait point com- « passer les mèches, marchait ainsi à l'ennemi, et, dans l'instant « qu'il commençait à tirer (l'ennemi), il se jetait devant les dra- « peaux l'épée à la main en criant : A moi ! Cela lui a toujours « réussi, et c'est ainsi qu'il défit les gardes de Frieze à la bataille « de Fleurus.

« Il me semble que tout ce que je viens de dire est appuyé sur « l'expérience et la raison, et prouve que ces grands bataillons ont « de terribles défauts, car ils ne sont bons qu'à tirer ; aussi ne « sont-ils formés que pour cela. Quand donc la mousqueterie n'y « fait rien, ils ne valent plus rien, et il n'y a qu'à se sauver. Aussi « est-ce le parti que l'on prend, et qui fait voir que chaque chose « tombe de soi-même dans son point d'équilibre. Dirai-je d'où je

« crois que nous est venue cette belle méthode? Je pense que c'est « des revues. Cette façon de ranger fait une belle montre, et insen- « siblement l'on s'y est si bien accoutumé que l'on en a fait celle de « combattre. »

Revenant encore sur les armes à feu, le maréchal ajoute :

« J'ai déjà dit que la manière de faire tirer par commandement « gênait le soldat et ôtait au feu tout son effet, je veux dire la jus- « tesse, et qu'il est dangereux de tirer quand on a affaire à de l'in- « fanterie, où l'on peut s'aborder, parce qu'il faut s'arrêter pour « tirer, et qu'infailliblement vous vous faites battre si vous tirez « contre des gens qui marchent à vous avec célérité, parce que « votre troupe, qui se flattait que ce feu allait exterminer l'ennemi, « voyant le peu d'effet qu'il aura produit, vous abandonnera certai- « nement.

« Ainsi il ne faut point tirer sur l'ennemi que l'on peut aborder, « mais bien derrière des haies, lorsqu'un fossé, une rivière, un ravin « et autres choses semblables vous séparent de lui : alors il faut « savoir tirer et faire un feu si terrible que rien ne puisse y « résister. »

Pour obtenir un pareil résultat, il donne aux mousquetaires qui n'ont pas de piques un fusil se chargeant par la culasse, et propose un mode de tir individuel par files, chaque chef de file tirant de suite les quatre coups de la file.

« Ce feu est le plus meurtrier de tous, et je ne pense pas qu'aucun « autre puisse lui résister. Je ferai bientôt faire celui des pelotons et « des rangs, et, fussent-ils tous des Césars, je les défie d'y tenir un « quart d'heure seulement : car l'on tire aisément 6 coups par minute « avec ces fusils, mais nous n'en mettons que 4. Un fusil aura donc « tiré 60 coups dans un quart d'heure, et par conséquent les chefs « de files dans un bataillon de 500 hommes auront tiré 30,000 coups « de fusil, sans compter les armés à la légère, qui, avec ceux-ci, tire- « ront dans une heure environ 50,000 coups, qui seront bien diffé- « remment ajustés que ceux du feu ordinaire.

« Si l'on met deux régiments ainsi disposés sur une courtine lors- « que l'ennemi monte à l'assaut sur l'ouvrage qui est vis-à-vis, où il « lui faut une heure avant que de se bien loger, il aura essuyé dans « cet ouvrage 280,000 coups de fusil.

« De la manière que l'on tire à présent, le soldat, après avoir « chargé son fusil, court sur la banquette, lâche son coup dessus le « parapet. Où tire-t-il? En l'air ou dans le fossé, parce qu'il se « presse et qu'il n'a pas le temps de distinguer les objets. Outre cela, « les bataillons se mettent en confusion, et je suis persuadé que de « 20 coups il n'y en a pas 2 qui donnent seulement dans l'ouvrage « où l'ennemi se loge : au lieu que, comme je le propose, tous les

« coups y porteraient, et cela produirait un effet bien différent. Ce feu « est très-excellent contre la cavalerie, surtout quand il est soutenu « par des armes de longueur. »

Les armes à feu étaient trop imparfaites à cette époque pour pouvoir adopter le chargement par la culasse. Les essais que fit le maréchal de Saxe ne réussirent pas, ces armes manquant de solidité et étant dangereuses. Si l'on avait pu trouver alors un bon système de fermeture de culasse, toutes les nations l'auraient adopté après l'expérience d'une campagne, et il est plus que probable qu'au lieu de donner cette arme se chargeant par la culasse à une partie de l'infanterie et la pique à l'autre, on en aurait muni tous les fantassins. Il se serait produit un siècle plus tôt ce que nous avons vu de nos jours, en 1866, l'adoption générale de ce système d'armes après la guerre de Bohême. Comme conséquence naturelle, pour ne pas mettre l'infanterie française dans un cas d'infériorité, il aurait fallu supprimer de nouveau la pique et faire comme les autres nations, de telle sorte que, par une bizarrerie curieuse, le maréchal de Saxe, qui criait tant contre « l'abus de la tirerie, » aurait été la cause directe de cette augmentation, sinon en qualité, du moins en quantité, du feu de l'infanterie en campagne.

XVI

Opinion du général anglais Lloyd sur le feu de l'infanterie et sur l'artillerie.

Le général anglais Lloyd professe, dans ses *Mémoires militaires et politiques*, des opinions analogues à celles de Folard et du maréchal de Saxe. Il trouve comme eux que le fusil à baïonnette est moins redoutable que l'épée et la pique. Il prétend qu'une infanterie armée de piques aura des mouvements plus rapides que ceux d'une infanterie armée de fusils, et que les effets dus à la première seront plus décisifs que ceux de la deuxième. Il blâme la formation sur trois rangs comme mauvaise pour le feu du troisième rang, et trouve que la formation sur deux rangs ne sera plus assez solide. Il n'admet pour cette infanterie sur trois rangs qu'un feu par rangs successifs commençant par le troisième rang, qui recule après avoir tiré, ainsi que le second, le premier ne bougeant pas. Après le feu du premier, les rangs se serrent pour recommencer.

Afin de pouvoir disposer l'infanterie sur quatre rangs, il arme le quart de l'infanterie avec la pique de 12 pieds, un sabre, un pistolet, les trois autres quarts d'un fusil à canon raccourci d'une longueur de 0m,65 environ, muni d'une lance en frêne de 1m,50 pouvant se fixer au canon du fusil. Pour garantir, en outre, le fantassin dans le combat corps à corps et des balles lancées de loin, il le couvre d'un casque et d'une cuirasse en fort cuir matelassé. Les trois premiers rangs armés de ces fusils-lances et le quatrième de la pique, pour que son bataillon, d'une moindre étendue que le bataillon ennemi sur trois rangs, ne soit pas tourné par les flancs pendant le choc, il garnit les intervalles des bataillons avec des compagnies de chasseurs et des pièces de régiment.

La proposition du fusil-lance a contribué beaucoup à discréditer les écrits de Lloyd, dans lesquels on trouve cependant déjà la tendance actuelle d'espacer entre elles les subdivisions tactiques à intervalle de déploiement.

Bien mieux inspiré dans ses *Réflexions sur l'artillerie*, il blâme énergiquement la masse énorme qui suivait les armées à la fin de la guerre de Sept ans :

« Le général et les troupes actuelles semblent mettre toute leur « confiance dans l'artillerie plutôt que dans la valeur des troupes, « de sorte que le canon est devenu l'âme des armées.

« A la bataille de Prague, il y avait 500 gros canons qui, suivant « l'estimation la plus modérée, coûtaient certainement plus que « n'auraient fait 40,000 fantassins, et l'utilité ne fut pas en propor- « tion d'une si excessive dépense. Je trouve trois défauts considé- « rables à cet abus de l'artillerie : la dépense énorme, la quantité de « chevaux nécessaires à ce service, et la longueur que cela apporte « nécessairement aux mouvements des armées. C'est dans les sièges « que le gros canon est nécessaire et qu'on n'en saurait trop avoir ; « dans le reste des opérations d'une armée, on en fait trop de cas. « Tous les chemins ne lui sont pas bons, il ne peut avancer avec la « ligne et n'est bon qu'à favoriser le déploiement des colonnes « quand elles sortent de quelques défilés pour se mettre en ligne, « et à former des batteries contre quelques points d'attaque, ou « enfin à défendre des retranchements. »

Les opinions de Folard, du maréchal de Saxe et de Lloyd, au point de vue de la supériorité de l'action du choc sur le feu, eurent en France de nombreux adeptes, et notamment Mesnil-Durand, qui voulait ramener l'ordre profond, imité de la phalange grecque, sous la dénomination impropre d'ordre français, par opposition à l'ordre mince dit ordre prussien. Des expériences furent même faites aux camps de Metz et de Bayeux, en 1775.

XVII

Guibert consacre d'une manière définitive la supériorité du feu sur le choc.

Les esprits flottaient irrésolus, lorsque le célèbre Guibert, avec son *Essai général de tactique*, ouvrage classique, imposa ses opinions, et consacra d'une façon définitive la supériorité de l'ordre mince. Son ouvrage fut publié en 1772, à une époque où l'armée française était courbée sous le poids des souvenirs de Rosbach, de Crevelt et de Minden, comme nous le sommes en ce moment sous ceux de Metz et de Sedan. Cet ouvrage renfermant des documents précieux sur le rôle de l'infanterie et de l'artillerie, nous lui ferons de nombreux emprunts. Voici l'opinion de Guibert sur l'action de l'infanterie et les conséquences qu'il en déduit pour la formation tactique :

« L'infanterie étant propre à l'action du feu et à l'action du choc, « il lui faut une ordonnance qui lui permette l'usage de ces deux « propriétés ; et, au cas que la même ordonnance ne puisse servir « pour les deux objets, il faut, que de celle qui sera déterminée, « devoir être l'ordonnance habituelle et primitive, elle puisse faci- « lement et promptement passer à l'ordonnance accidentelle et « momentanée qui remplira le second objet. Mais laquelle sera « l'ordonnance primitive et habituelle ? L'ordonnance de feu, ou « celle de choc ? C'est une question qui mérite d'être discutée avec « quelques détails, et examinée avec l'attention la plus réfléchie : « j'ignore l'art d'être clair, pour qui ne veut pas être attentif. »

« Avant que d'être en mesure d'aborder l'ennemi, il faut se « mettre en bataille ; il faut arriver à lui : il ne faut pas être dé- « truit ou mis en désordre par l'effet de son feu : il faut lui faire « craindre du feu à son tour. Donc il est nécessaire que l'ordon- « nance primitive et habituelle soit l'ordonnance propre au feu, « c'est-à-dire l'ordre mince : je déterminerai ci-après quelle pro- « portion cet ordre devra avoir.

« Voici le résumé de ma discussion : L'ordonnance primitive, fon- « damentale et habituelle de l'infanterie sera sur trois de profon- « deur ; l'ordonnance momentanée et accidentelle sera en colonne. »

XVIII

Opinion de Guibert sur le feu de l'infanterie et sur l'artillerie.

Son chapitre *Des Feux* est admirable de bon sens pratique :

« De toutes les parties de la tactique, c'est sur celle-ci peut-être « que nous avons les exercices les plus compliqués, les moins ré- « fléchis et les moins relatifs à ce qui se passe à la guerre. Quand « je dis nous, je parle de toutes les troupes de l'Europe, je parle « des troupes allemandes qui ont tant accrédité le système du feu « et qui regardent la supériorité de mousqueterie comme si déci- « sive dans les combats.

« On s'est attaché à l'envi à perfectionner le chargement du fusil, « à tirer une plus grande quantité de coups par minute, c'est-à-dire

« à augmenter le bruit et la fumée : mais on n'a travaillé ni à simplifier l'ordre dans lequel ces feux devaient être faits, ni à déterminer la meilleure posture du soldat pour bien ajuster, ni à augmenter son adresse sur ce point, ni à faire connaître aux troupes « la différence des portées et des tirs, ni enfin à leur enseigner « jusqu'à quel point il fallait compter ou ne pas compter sur le feu; « comment il fallait l'employer et le ménager relativement au terrain, aux circonstances, à l'espèce d'armes qu'on a vis-à-vis de « soi; quand, en un mot, il fallait cesser d'en faire usage pour « charger l'ennemi à la baïonnette. »

Il donne ensuite une méthode pratique pour le tir à la cible, comme préparation au tir réel de campagne, et termine ainsi :

« Concluons que le feu de mousqueterie des troupes peut être « soumis à une théorie ; cependant, bien loin de l'être, il s'exécute « au hasard et machinalement. C'est qu'il n'y a peut-être pas dix « officiers d'infanterie qui connaissent la construction du fusil, et « qui aient réfléchi sur le jet des mobiles qu'il peut lancer. Aussi « ne donne-t-on au soldat aucun principe sur la manière d'ajuster ; « il tire comme il veut, quelles que soient la distance et la situation « des objets. C'est particulièrement aux exercices de cible, déjà « beaucoup trop rares, que cette ignorance et ce défaut de principes sont bien sensibles. J'aurai occasion d'y revenir tout à « l'heure.

« Quoique la portée horizontale du fusil puisse être estimée jusqu'à 180 toises, ce n'est guère qu'à 80 toises que le feu de l'infanterie commence à avoir un grand effet. Je parle de l'infanterie « rangée en bataille et dans le tumulte du combat. Par delà cette « distance, les coups deviennent incertains, parce que le soldat « charge et ajuste mal, vite et avec trouble. Faut-il s'étonner, après « cela, si nos feux de mousqueterie sont si méprisables : si dans « une bataille il y a cinq cent mille coups de fusil de tirés, sans « qu'il reste deux mille morts sur le terrain du combat ? »

Quoique les lignes que nous citons fussent écrites et publiées en 1772, l'infanterie française a fait toutes les campagnes de la Révolution et du premier Empire sans instruction de tir. Aussi, nous verrons que toutes les fois qu'elle sera en présence d'une infanterie calme et habile au tir, elle éprouvera de graves mécomptes. Guibert pose la proportion d'un coup de fusil qui atteint sur 250 ; c'est beaucoup trop. Piobert la mettra à 1 sur 3000 au beau moment des campagnes de 1805 et 1806, et 1 sur 10,000 dans les campagnes de 1813 et de 1814.

L'expérience acquise aux dépens de nos tirailleurs en Afrique nous forcera, en 1845 seulement, à donner une instruction et des règles de tir à notre infanterie.

Parlant ensuite des feux pratiques en campagne, Guibert, malgré la haute opinion qu'il avait du roi de Prusse, reconnaît que la méthode prussienne ne peut s'appliquer à notre infanterie, et propose le feu de billebaude, qui n'est que le feu de file à volonté, généralement employé par les armées françaises depuis lors :

« Il me reste à parler des différentes sortes de feu, c'est-à-dire « les différentes manières de faire tirer l'infanterie. Je serai court « sur cet objet, car il ne faut que des feux simples, possibles à la « guerre, et que les soldats sachent exécuter dès le premier jour « qu'on les rassemblera en bataillon.

« J'ose d'abord avancer qu'il n'y a qu'une espèce de feu convenable à l'infanterie réglée, le feu de pied ferme. Cette assertion « paraîtra bien hardie, quand on songera que le roi de Prusse a « introduit et paraît faire cas de ce qu'on appelle dans ses troupes « le *feu de charge :* quand il a dit lui-même qu'on ne pouvait mener de l'infanterie à l'ennemi sans tirer.

« Le feu de billebaude est le seul qui doive avoir lieu dans un « combat de mousqueterie : par delà deux décharges essuyées et « rendues, il n'y a pas d'effort de discipline qui puisse empêcher « un feu compliqué et régulier de dégénérer en feu de volonté. Ce « feu est le plus vif et le plus meurtrier de tous : il échauffe la tête « du soldat, il étourdit sur le danger. Il convient particulièrement à « la vivacité et à l'adresse françaises ; l'essentiel est seulement d'accoutumer le soldat à le cesser au signal, et à garder le silence. « Autrefois on regardait cela comme impossible : on y parviendra « facilement. J'ai vu, dans une bataille de la dernière guerre, un « régiment exécuter ce feu sous celui de l'ennemi, en le commençant et en finissant au signal d'un roulement. Ce régiment qui, « par parenthèse, n'était levé que depuis quatre ans, combattait « partout avec la même discipline et la même valeur, tant il est « vrai que tout dépend des officiers et des documents sur lesquels « une troupe est formée. »

Ses idées sur l'artillerie ne sont pas moins judicieuses que celles sur l'infanterie. Guibert en fait un accessoire utile, mais rien qu'un accessoire :

« Se persuader, comme l'ont fait quelques tacticiens, que l'artillerie est un accessoire plus embarrassant qu'utile, plus bruyant « que meurtrier, en conséquence ne pas parler de l'artillerie, ne « la faire entrer pour rien dans les combinaisons de la tactique, « c'est une erreur que l'expérience et la raison condamnent. Dire « avec quelques officiers d'artillerie, qui l'ont avancé dans leurs « ouvrages, que *l'artillerie est l'âme des armées*, que la *supériorité* « *d'artillerie doit décider de la victoire*, c'est une autre erreur qui « est, ou l'effet d'une convention de corps, ou celui de l'amour de

« l'art qu'on cultive. Tel serait l'aveuglement extrême et également « déraisonnable de deux hommes qui croiraient, l'un, que tous les « mobiles lancés par les bouches à feu atteignent leur but, que « l'exécution de l'artillerie est certaine et terrible, et l'autre, que le « hasard seul dirige ces mobiles, et qu'en conséquence l'effet du « canon ne doit être compté pour rien dans la combinaison d'une « disposition.

« Mais qu'importe d'où viennent les erreurs, dès que les erreurs « existent ? Trop vanter l'artillerie et trop croire à ses effets ; la « déprimer trop et faire trop peu de fonds sur elle, ce sont deux « extrêmes également préjudiciables. Je vais chercher le juste mi- « lieu entre ces extrêmes ; je vais le chercher surtout relativement « à la propriété et aux effets de l'artillerie dans la guerre de cam- « pagne, puisque c'est à elle principalement que la tactique a « rapport.

« L'artillerie est aux troupes ce que sont les flancs aux ouvrages « de fortification. Elle est faite pour les appuyer, pour les soutenir, « pour prendre des revers et des prolongements sur les lignes « qu'elles occupent. Elle doit, dans un ordre de bataille, occuper « les saillants, les points qui font contre-fort, les parties faibles ou « par le nombre, ou par l'espèce des troupes, ou par la nature du « terrain. Elle doit éloigner l'ennemi, le tenir en échec, l'empêcher « de déboucher. L'artillerie, bien employée relativement à ces dif- « férents objets, est un accessoire utile et un moyen de plus pour « l'homme de génie ; donc la tactique de l'artillerie doit être ana- « logue à celle des troupes ; donc il faut que les commandants des « troupes connaissent du moins le résultat qu'on peut attendre des « différentes dispositions en exécution des bouches à feu, afin de « combiner ce résultat dans leur disposition générale..... »

Et cependant l'artillerie française venait de faire un grand pas en adoptant le système Gribeauval. Les vis de pointage et les hausses permettaient le tir efficace, au delà du but en blanc naturel, jusqu'à 1,200 mètres pour les pièces de 8 et de 12, en même temps que la diminution du poids de la pièce et de l'avant-train (1/4 pour la pièce de 4, 1/6 pour la pièce de 8, 1/5 pour la pièce de 12) rendait l'artillerie plus maniable, et partant plus efficace.

Pour combattre la tendance à l'exagération du nombre de pièces, Guibert écrit ensuite un chapitre entier sur les inconvénients d'une artillerie trop nombreuse. Nous renvoyons le lecteur à ce chapitre, trop long pour le citer.

Après avoir discuté l'hypothèse d'une artillerie nombreuse et d'une artillerie moins forte numériquement, mais mieux outillée et mieux servie, Guibert termine ainsi son chapitre sur l'artillerie :

« Tel est, en deux mots, le résumé de ce que j'ai avancé à ce

« sujet : Diminuer la quantité d'artillerie et faire consister la per-« fection de l'art à tirer un grand parti d'un petit nombre de pièces « et à former la meilleure artillerie possible, plutôt qu'à se procu-« rer la plus nombreuse. »

Ces citations, un peu longues, sur l'artillerie, nous paraissent indispensables. Nous prouverons, à la fin de ce travail, que l'infanterie actuelle, avec l'arme rayée, à longue portée, se chargeant par la culasse, en face de l'artillerie actuelle à projectile oblong, se trouve dans de meilleures conditions que l'infanterie d'autrefois, avec son fusil à pierre, devant les canons à projectile sphérique.

Les guerres de la République nous offrent un champ d'études immense. Vouloir examiner chacun des combats ou batailles serait une tâche trop laborieuse. Nous nous contenterons d'étudier les principales campagnes, et dans chacune de ces campagnes les actions de guerre les plus importantes.

Pour la première partie des campagnes de la République, c'est-à-dire les campagnes de Dumouriez, les campagnes de la Vendée, les campagnes de Hoche et de Pichegru, de Jourdan, de Dugommier, nous puisons nos preuves dans les œuvres du général Jomini. A partir de la campagne de 1796 jusqu'au Consulat, c'est-à-dire les campagnes de Napoléon, d'Italie et d'Egypte, de Jourdan sur le Rhin, de Masséna en Suisse, de Macdonald en Italie, de Brune en Hollande et de Moreau en Allemagne, nous nous servirons exclusivement des Mémoires de Napoléon, écrits à Sainte-Hélène, sous sa dictée, par les généraux Gourgaud et de Montholon.

XIX

Examen des guerres de la République.

Les débuts des troupes françaises ne furent pas heureux ; l'infanterie manquait de solidité ; les cadres étaient pauvres en officiers ; les volontaires ne pouvaient par la bravoure suppléer à l'expérience.

Campagnes de 1792 *et* 1793.

Valmy, première victoire de la République française, est gagnée principalement par l'artillerie de Gribeauval. Les trois colonnes d'attaque prussiennes sont arrêtées dans leur marche par les 58 pièces de Kellermann. La jeune infanterie française se porte alors en avant. Le duc de Brunswick fait battre en retraite ses troupes, qui ne furent pas attaquées par notre infanterie. Cette bataille ne fut, somme toute, qu'une canonnade insignifiante, qui ne coûta que 800 à 900 hommes de part et d'autre.

Si l'infanterie prussienne avait été commandée par Frédéric, il est probable que, malgré les pertes occasionnées par l'artillerie française, elle aurait continué sa marche sur les positions de l'armée française.

La bataille de Jemmapes est un exemple d'une bataille gagnée par l'infanterie sur l'artillerie.

L'armée autrichienne, postée sur les hauteurs de Jemmapes et de Cummes, couverte sur son front par trois étages de redoutes garnies de plus de 100 bouches à feu, fut vaincue par l'élan de l'infanterie française.

Les victoires de Menin, de Wattignies, de Kayserlautern, des lignes de Wissembourg, furent également gagnées par l'infanterie.

Reconnaissant le manque de solidité de l'infanterie française, et notamment des volontaires, Carnot, par un trait de génie militaire qu'on n'a pas su imiter de nos jours, provoque la loi du 26 février 1793, qui ne reçut d'exécution que l'année suivante. Il ordonne le démembrement des anciens régiments d'infanterie et la formation de la demi-brigade, composée de 3 bataillons, dont 2 de volontaires et 1 de vieux soldats de ligne. Heureuse inspiration! De ce mélange habile de la fougue et de l'élan souvent déréglés du jeune volontaire avec le calme et l'esprit militaire du vieux soldat, il sortit le soldat de la République, qui étonna l'Europe et sauva la France

Guerres de la Vendée.

Les armées républicaines sont défaites dans la Vendée, à Coron, à Beaupréau, à Corson, à Saumur, à Angers, à Entrains, par des bandes de paysans à peine armés, surtout au commencement de la lutte, n'ayant pour toute artillerie que quelques pièces qu'elles enlevèrent à leurs adversaires, et comme cavalerie que quelques hommes mal équipés et mal montés. Mais ces bandes de paysans se battaient admirablement et tiraient surtout le meilleur parti possible de la fusillade.

Le combat du Mans, qui porta un coup terrible aux Vendéens, fut une surprise de nuit de leur armée, encombrée de femmes et d'enfants, épuisée par ses succès mêmes, puisqu'elle ne pouvait plus se recruter et qu'elle manquait de vivres et de munitions. La déroute de Savenay était inévitable; mais la bataille fut gagnée par la vieille infanterie de Kléber revenant du siége de Mayence.

Campagnes de 1794 et 1795.

Dans la campagne d'été de 1794, l'infanterie française remporte encore les victoires de Troisville, de Courtrai, de Tourcoing, de Fleurus en Flandre. Elle prend dans les Alpes le camp retranché de

Saorgio avec 70 canons, et dans les Pyrénées le formidable camp du Boulou avec 140 canons, en majeure partie pièces de siége de 16 et de 24.

Dans la campagne d'hiver de la même année, on lui doit le gain des batailles de Boxtel, de la Roër, d'Anweiler.

Elle envahit la Hollande et la conquiert presque sans combattre, et cependant cette infanterie était médiocrement armée et souffrait du froid, de la faim et du manque de toutes choses.

« Cette cité (Amsterdam) vit avec une juste admiration dix bataillons de ces braves, sans souliers, sans bas, privés même des vêtements les plus indispensables et forcés de couvrir leur nudité avec des tresses de paille, entrer triomphants dans ses murs au son d'une musique guerrière, placer leurs armes en faisceaux et bivouaquer pendant plusieurs heures sur la place publique au milieu de la glace et de la neige, attendant avec résignation et sans un murmure qu'on pourvût à leurs besoins et à leur casernement. » (JOMINI.)

En Espagne, après deux jours d'une bataille acharnée à la Monga, l'infanterie mit en déroute complète l'armée espagnole, couverte en avant par une double ligne de 77 redoutes et batteries armées de 250 pièces et appuyée en arrière sur le camp retranché et la place de Figuières. Elle enlève encore le camp retranché de Berra en le tournant, et les positions fortement retranchées en avant de Pampelune, après trois jours de combat.

En 1795, la trahison de Pichegru amène la défaite de Jourdan à Mayence. Mais Hoche, avec son infanterie, arrête les émigrés à Quiberon, repousse leur attaque, enlève d'assaut le fort Penthièvre et accule les royalistes à la mer.

Campagnes de 1796.

Ici nous prenons les *Mémoires de Napoléon*. Cette belle campagne, qui a commencé sa réputation militaire, avec quelle armée l'a-t-il faite ? Il nous le dit lui-même :

« 30,000 hommes, dont 2,500 de cavalerie et 2,500 d'artillerie, avec 30 pièces de canon. On lui opposait 80,000 hommes et 200 pièces de canon. »

Cette différence dans les forces est tellement énorme qu'il faut sa grande autorité pour le croire. Il a une pièce de canon et 1,000 hommes à opposer à près de 7 pièces ennemies et 2,500 fantassins. Mais aussi il ajoute plus bas :

« Si elle eût eu à lutter dans une bataille générale, sans doute la différence du nombre, son infériorité en artillerie et cavalerie ne lui eussent pas permis de résister : elle dut donc compenser ce désavantage par la rapidité des marches, le manque d'artillerie par la nature des manœuvres, l'infériorité de sa cavalerie par le choix des positions, car le moral des soldats français était excellent ; ils s'étaient signalés et aguerris sur le sommet des Alpes et des Pyrénées : les privations, la pauvreté, la misère, sont l'école du bon soldat. »

Toute la campagne d'Italie est là avec les victoires de Montenotte, de Lodi, de Castiglione, de Roveredo, de Vérone, de Bassano, de Saint-Georges, d'Arcole, de Rivoli. Tout commentaire serait inutile.

Les victoires remportées par cette infanterie d'élite, appuyée de peu d'artillerie, sont décisives et peu meurtrières pour elle. Quand nous étudierons les campagnes de 1813, entreprises avec une infanterie composée presque tout entière de recrues, mais appuyée d'une artillerie formidable, nous verrons, au contraire, les batailles meurtrières et peu décisives. Les mêmes causes humaines produisent les mêmes effets. Ce qui était arrivé à Louis XIV et à Frédéric II arrivera à Napoléon. Quand il aura comme eux épuisé toute sa bonne infanterie, comm eeux il la remplacera par une nombreuse artillerie.

Kléber à Altenkirchen, Jourdan à Friedberg, Moreau à Neresheim, remportèrent des victoires toujours avec leur infanterie. Jourdan est battu à Wurtzbourg, parce qu'avec 42.000 hommes il en attaque 68.000.

Moreau, se trouvant engagé par ses succès mêmes, fait alors la belle retraite de la Forêt-Noire, et, grâce à son infanterie, bat les Autrichiens à Biberach, à Freybourg, à Schliengen.

Campagne de 1797.

La campagne de 1797 est la suite naturelle de la campagne de 1796, et se passe également de commentaires. L'armée française, renforcée, était forte de 50,000 hommes et de 100 canons, soit 2 canons pour 1,000 hommes.

Le passage du Tagliamento, où pour la première fois on employa pour l'infanterie une disposition tactique mixte entre l'ordre déployé et l'ordre en colonne, la bataille du Tagliamento, le combat de Neumarck, la prise par Joubert du camp de Cambra dans le Tyrol, sont encore des victoires remportées presque exclusivement par l'infanterie française.

Campagne d'Egypte (1797).

La campagne d'Egypte vient nous donner une preuve sans réplique de l'efficacité du feu d'une bonne infanterie contre une cavalerie, quelque courageuse que soit cette dernière.

Les batailles des Pyramides, Mont-Thabor, Aboukir, Héliopolis, en sont la consécration.

Campagne de 1799.

Stockach est une bataille perdue par suite de la disproportion des forces numériques (40,000 hommes contre 60,000). Magnano également (43,000 hommes contre 60,000). Cassano est perdue par les mauvaises dispositions de Schérer. Pendant les trois jours que dura la bataille de la Trebbia, Macdonald ne peut opposer à Souwaroff que des forces très-inférieures, qui furent battues après une résistance acharnée.

Joubert, à Novi, attaquant avec 40,000 hommes 70,000, perd la bataille. Son infanterie ne peut résister aux masses énormes du général russe ; mais elle lui fait payer cher la victoire par une perte de 20,000 hommes.

La victoire de l'infanterie de Masséna à Zurich, celle de l'infanterie de Brune à Bergen, compensèrent amplement ces défaites.

Campagne de 1800 (Bonaparte).

Pendant que Masséna soutenait dans Gênes un siége héroïque, le Premier Consul passe les Alpes et rencontre Mélas à Marengo.

« L'ennemi avait une cavalerie formidable et une artillerie très-nombreuse ; ni l'une ni l'autre de ces armes n'avaient souffert, tandis que notre cavalerie et notre artillerie étaient très-inférieures en nombre. » (*Mémoires de Napoléon.*)

La bataille, d'abord perdue, fut gagnée par l'attaque de la division Desaix et par la charge des 800 cuirassiers de Kellermann. Surpris en colonne de route, les 6,000 grenadiers de Zach n'ont pas le temps de se former en carré, sont rompus par les cuirassiers et dispersés par la 109e demi-brigade. Si les grenadiers de Zach avaient eu le temps de se former en carré, les 800 cuirassiers de Kellermann n'auraient pas réussi dans leur charge, et la bataille était perdue, selon toutes probabilités.

Campagne de 1800 (Moreau).

La bataille de Hohenlinden ne fut qu'une rencontre des têtes de colonnes d'infanterie sur des chemins étroits au milieu de la forêt. Les deux armées engagèrent les mêmes forces ; mais la bravoure et l'élan de nos demi-brigades nous firent gagner la bataille.

XX

Formation tactique et mode de combattre de l'infanterie française pendant les guerres de la Révolution et du Consulat.

Quand les premières guerres de la Révolution éclatèrent, des revers ayant marqué les premières rencontres de nos milices nationales, les généraux français reconnurent l'impossibilité de les opposer en ligne aux infanteries bien exercées de la coalition.

Alors, au lieu d'opposer les masses inhabiles de leurs bataillons aux savantes manœuvres de leurs adversaires, ils les éparpillèrent en tirailleurs et transformèrent la lutte en une série de combats partiels où l'adresse et l'intrépidité du soldat purent jouer un rôle décisif.

C'est ainsi qu'on improvisa la guerre de tirailleurs en grandes bandes, qui jusqu'alors avait été limitée à un petit nombre de troupes légères lancées en éclaireurs. Dans les armées de la République, on vit des régiments entiers se disperser pour marcher à l'ennemi, inonder son front, déborder ses flancs et l'accabler de tous côtés sous une grêle de balles. Derrière ces nuées de tirailleurs s'avançaient d'impétueuses colonnes qui, parvenues à une petite distance, se ruaient au pas de course sur leurs adversaires, dont elles culbutaient à la baïonnette les rangs préalablement désorganisés par la fusillade des tirailleurs.

Les guerres de la Vendée, qui coûtèrent tant de sang à la France et à la République, sont très-intéressantes à étudier au point de vue du feu de l'infanterie et de son efficacité avec les armes à silex. Les armées vendéennes, comme nous l'avons déjà dit, n'ont jamais eu que fort peu d'artillerie et de cavalerie; leur infanterie était sans aucune espèce d'instruction tactique. Mais les Vendéens étaient chez eux. Ils connaissaient les ressources d'un terrain boisé et touffu, et savaient presque tous bien manier le fusil. Au commandement de : *Egaillez-vous les gars*, ils se dispersaient en tirailleurs, s'embusquant derrière les haies, les arbres, et accueillaient par un feu nourri à petite portée les colonnes républicaines, et, quand ils les avaient ébranlées, s'élançaient sur elles avec de grands cris et les enfonçaient.

XXI

Examen des campagnes de l'Empire.

Les campagnes de l'empereur Napoléon, écrites sous sa direction, pendant son règne (1805, 1806, 1807, 1809, 1815), l'*Histoire de l'Empire* de Thiers pour les campagnes de ses lieutenants, et celles de 1812, 1813 et 1814, vont nous servir pour continuer notre étude; nous renvoyons le lecteur à ces ouvrages.

Campagne de 1805.

Au camp de Boulogne, de grandes manœuvres d'ensemble avaient été faites, et Napoléon avait porté tous ses soins à l'organisation et à l'instruction de l'infanterie.

La création de la garde, corps d'élite composé de 40 bataillons formés avec les vieux soldats d'Égypte, d'Italie et du Rhin, donnait à l'armée française une réserve comme elle n'en avait pas encore eu jusque-là.

La Grande Armée se composait de 7 corps d'armée d'un effectif total de 150,000 hommes environ, avec 300 pièces de canon, soit 2 pièces pour 1,000 hommes.

Nous citerons comme victoires dues à l'infanterie : Elchingen, Ulm, Dierstein. La célèbre bataille d'Austerlitz, modèle de tactique militaire, fut gagnée par 65,000 Français contre 90,000 Russes et Autrichiens, qui perdirent 20,000 tués ou blessés, 20,000 prisonniers et 270 canons. L'armée française n'eut que 5,000 hommes hors de combat.

Le plateau de Pratzen, clef de la position, fut enlevé par les 30 bataillons de Soult. L'artillerie française, excellente en qualité, était inférieure numériquement, dans cette campagne, aux artilleries russe et autrichienne.

Campagne de 1806.

La double bataille d'Iéna et d'Auerstaedt eut lieu entre deux armées fortes à peu près de 150,000 hommes d'infanterie et de cavalerie, 300 pièces de canon françaises et 400 pièces de canon prussiennes.

La cavalerie prussienne, qui, depuis Frédéric, passait pour la meilleure d'Europe, ne put enfoncer un seul carré français, tandis qu'au contraire l'infanterie prussienne fut complètement défaite par la cavalerie française. Aussi, dans le 5e bulletin de la Grande Armée, Napoléon disait-il :

« Nous ne parlons pas de l'infanterie française ; il est reconnu depuis longtemps que c'est la meilleure du monde. L'Empereur a déclaré que la cavalerie française, après l'expérience de deux campagnes (1805 et 1806) et de cette dernière bataille, n'a pas d'égale. »

L'armée prussienne eut 20,000 tués ou blessés, 40,000 prisonniers et perdit plus de 300 pièces de canon.

Toute l'armée française ne fut pas engagée : ses pertes furent minimes et ne dépassèrent pas 4,000 hommes.

Campagne de 1807.

Bataille d'Eylau. — Les deux armées avaient à peu près le même effectif numérique : l'artillerie française ne put opposer que 250 pièces aux 500 canons russes, dont 400 couvraient le front de bataille, et cependant les Russes furent battus. La rigueur du climat et la rapidité de leur retraite empêchèrent de les poursuivre d'une manière efficace. Ils laissèrent sur le champ de bataille 7,000 morts, 21,000 blessés, 24 pièces de canon.

L'armée française eut 7.000 hommes hors de combat, ce qui est peu si l'on considère le nombre de pièces russes, pour la plupart de gros calibre, et la surprise de l'infanterie d'Augereau qui, aveuglée par la neige, était venue se poster à portée de mitraille devant le feu d'une batterie de 60 pièces.

Bataille de Friedland. — L'armée russe, renforcée après Eylau, avait été portée à 180,000 hommes et une fort nombreuse artillerie. Elle perdit 15,000 hommes et 80 pièces de canon.

L'armée française, moins nombreuse, n'eut que 5,000 à 6,000 hommes hors de combat. Dans cette bataille, l'artillerie française, et notamment une batterie de 30 pièces du corps de Ney, contribua beaucoup au gain de la bataille. C'est le premier exemple de l'emploi de l'artillerie par grandes masses qui deviendra la tactique favorite de Napoléon.

Campagnes d'Espagne (1807 à 1809).

Des guerres d'Espagne date la décadence de l'infanterie française. Les fatigues énormes d'une guerre de partisans, dans un pays où chaque Espagnol est un ennemi, commencèrent la ruine de cette infanterie, que la rude campagne de 1807 avait déjà fort éprouvée.

Bessières remporte d'abord la victoire de Medina del Rio Seco, où, avec 14,000 vieux soldats, il bat 35,000 Espagnols. Mais Dupont, avec 20,000 conscrits, est obligé de capituler à Baylen, en rase campagne. Junot, avec de jeunes troupes, est battu à Vimeiro.

Napoléon dirige alors sur l'Espagne la grande armée qu'il retire d'Allemagne, et lève en France 160,000 conscrits. Avec ses vieux soldats il bat les Espagnols à Burgos; Lefebvre et Soult les battent à Espinosa et Reynosa, et Lannes à Tudela.

Ainsi, au premier souffle de Napoléon, toutes les armées de la Péninsule avaient été balayées. Aussi écrit-il dans le *Bulletin de la Grande Armée :* « Les Espagnols ne peuvent tenir en ligne; ce sont des fellahs d'Egypte ou des bédouins du désert. »

Mais le patriotisme espagnol n'était pas vaincu. Les débris de leurs armées se jetèrent dans les montagnes, renforçant les guérillas qui, par une série de combats sans cesse renouvelés, usèrent en détail l'infanterie française et lui firent perdre plus de monde qu'en bataille rangée.

Le général anglais Moore est vaincu par Soult à la Corogne. Son armée est forcée de se rembarquer; mais le siége de Saragosse, qu'il fallut prendre maison par maison, coûta à l'armée française plus d'hommes que les grandes victoires d'Austerlitz et d'Iéna.

Les victoires de Lefebvre à Almaraz, de Victor à Uclès, de Gouvion-Saint-Cyr à Linàs ne décidèrent rien. Le peuple espagnol continuait la lutte en désespéré.

L'attaque de l'Autriche en 1809 força Napoléon à laisser ses lieutenants en Espagne et à venir en Bavière prendre le commandement de l'armée française.

Campagne de 1809.

L'Autriche avait réuni 320,000 hommes et 800 pièces de canon. Les forces étaient divisées de part et d'autre en trois armées. Nous ne nous occuperons que des opérations de Napoléon et du prince Charles, qui sont les plus importantes.

L'infanterie française de 1809 n'avait déjà plus la valeur de celle de 1805, de 1806 et de 1807. Presque tout ce qui restait de ces vieux fantassins se battait en Espagne, et les conscrits qui les remplaçaient étaient loin de les valoir. Cependant cette infanterie soutient sa réputation aux batailles d'Eckmühl, de Ratisbonne et d'Ebersberg.

La ville de Vienne prise, il fallait passer le Danube en face de l'armée du prince Charles. La terrible bataille d'Essling fut indécise. Par suite de la rupture des ponts du Danube, l'armée française, en nombre très-inférieur, malgré une résistance acharnée, put à grand'peine garder ses positions (Essling et Aspern furent pris et repris six fois). Elle avait perdu près de 40,000 hommes inutilement.

Napoléon se retire dans l'île de Lobau et se renforce.

« Sur les frontières de l'empire, à Mayence, à Strasbourg, le maréchal duc de Valmy organisait des bataillons provisoires, formés de conscrits qu'on envoyait de dépôts de l'intérieur, et les faisait filer successivement sur Augsbourg, d'où ces corps étaient ensuite envoyés à la Grande Armée. » (*Mémoires de Napoléon.*)

Mais cette infanterie de conscrits n'inspirait pas une grande confiance à Napoléon. Il augmente alors son artillerie de la garde en la portant à 84 pièces pour 24 bataillons, et son artillerie de ligne en lui distribuant 120 pièces d'artillerie autrichiennes tirées de l'arsenal de Vienne.

Aussi, dans la bataille de Wagram, il emploie résolûment cette nombreuse artillerie. Aux 120,000 Autrichiens, aux 410 canons du prince Charles, il opposa à peu près le même nombre de Français et 450 pièces, dont beaucoup du calibre de 12. Cette bataille très-sanglante fut gagnée par la grande batterie française de 100 pièces qui écrasa le centre ennemi.

Mais l'armée française perdit presque autant de monde que l'armée autrichienne (20,000 à 25,000 hommes); elle ne prit que 30 canons. Les Autrichiens étaient vaincus, mais non dispersés. Le prince Charles avait encore 150,000 hommes pour recommencer la lutte.

Wagram, succès dû à l'artillerie, n'est plus Austerlitz ni Iéna, succès de l'infanterie. Les résultats différents de ces trois batailles sont frappants.

Campagnes d'Espagne (1810 et 1811).

Les lieutenants de Napoléon continuaient dans la Péninsule ibérique une lutte acharnée. Cette guerre d'Espagne, mal dirigée par le roi Joseph, ne fut autre chose qu'une véritable boucherie inutile.

L'infanterie fait gagner à Soult la bataille d'Oporto, où elle enlève les retranchements portugais garnis de 200 canons; à Sebastiani la victoire de Ciudad-Reals; à Victor celle de Medlin; elle permet à Soult la belle retraite des gorges de Cavado, exécutée sans une seule pièce de canon pour la couvrir.

Mais avec Soult, à la bataille de Talavera de la Reyna, son attaque impétueuse est arrêtée net par le feu meurtrier de l'infanterie anglaise.

Elle bat cependant avec Suchet cette dernière à Maria et à Belchite. Saint-Cyr assiége Girone, qui ne capitula qu'après six mois de tranchée ouverte et quand les deux tiers de la population eurent succombé; comme Saragosse, coûtant plus cher à l'armée française qu'une grande bataille.

Cette guerre sans trêve ni fin épuisait notre infanterie. Il fallait à chaque instant envoyer des renforts, tandis que « les armées espagnoles toujours battues se reformaient comme par enchantement avec les prisonniers qui s'échappaient et les insurgés de chaque province. La junte suprême, abandonnée par Wellington, reforme une armée de 60,000 hommes qui marcha sur Madrid. » (Lavallée, *Histoire militaire des Français.*)

Soult, avec 28,000 hommes et très-peu d'artillerie, met cette armée en pleine déroute à Ocana (1810), lui tuant 5,000 hommes et lui en prenant 25,000 avec 60 canons.

Napoléon envoie encore en Espagne une partie de l'armée qui avait fait en Autriche la campagne de 1809, ce qui porta à 300,000 hommes le nombre des soldats français en Espagne. Mais il commit la faute grave de les partager en plusieurs armées, dont il rendit les généraux indépendants.

La bataille de Busaco, entre Masséna et Wellington, reste indécise. Malgré toute sa valeur, l'infanterie française recule devant le feu de l'infanterie anglaise, et Wellington se replie sur le camp retranché de Torres-Vedras.

Ce camp, appuyé au Tage et à la mer, comprenant trois lignes garnies de 106 redoutes armées de 380 canons et défendu par 100,000 hommes, ne pouvait être ni attaqué, ni tourné. Masséna, à Santarem, attend pendant cinq mois Wellington, qui n'ose prendre l'offensive.

« L'armée française se disséminait en colonnes mobiles pour aller chercher des vivres jusqu'à 50 lieues; elle avait pris des habitudes sauvages, nomades, et ne vivait que par des prodiges d'industrie et de bravoure. » (LAVALLÉE.)

Aussi Masséna, réduit à 28,000 hommes, se met en retraite, et est battu à Puento-di-Onor (1811) par la faute de ses troupes mécontentes et qui le secondèrent mal.

Suchet relève l'honneur de l'infanterie française, bat Blake à Sagonte, l'accule dans Valence et le prend avec 20,000 hommes et 300 canons.

Campagne de 1812.

L'armée qui fit en Russie la campagne de 1812 se composait de 450,000 hommes, dont 200,000 Italiens, Allemands et Espagnols, et 1376 bouches à feu, c'est-à-dire 3 bouches par 1000 hommes.

Bataille de Smolensk. — C'est une bataille gagnée par l'artillerie. Elle fut assez sanglante (12,000 Russes et 7,000 Français hors de combat) et peu décisive.

La Moskowa voit se renouveler le système des batteries en grandes masses. C'est sous la protection de 2 batteries de 60 pièces chacune que Ney force le passage de la Kaluga, et bientôt après une batterie de 80 bouches à feu est chargée d'enfoncer le centre de l'armée russe. Les Russes y perdirent 15,000 hommes tués, 30,000 blessés, et seulement 3,000 à 4,000 prisonniers. Ce ne fut là qu'une demi-victoire. Napoléon ne voulut pas faire donner sa garde, qui aurait pu porter à l'ennemi un coup définitif; il croyait que l'armée russe recommencerait la bataille le lendemain. A une distance aussi grande de sa base d'opérations naturelle, ayant une armée composée en grande partie d'étrangers, Napoléon sentait le besoin de conserver intact le corps d'infanterie de la garde comme suprême ressource.

« A la Moskowa, Napoléon montra une circonspection funeste en refusant de faire marcher sa garde. L'armée russe était dans la plus grande confusion; des résultats immenses eussent été obtenus avec des troupes fraîches. » (MARMONT, *Esprit des institutions militaires.*)

Après Moscou, l'Empereur bat en retraite. A Malo-Jaroslawetz et à Viazma, l'armée française est obligée de se frayer un passage à travers les masses russes. Après cette dernière bataille : « Les vivres s'épuisaient, le froid commençait, les bivouacs étaient terribles pour des hommes mal vêtus et mal nourris, et chaque matin l'on trouvait des centaines de morts : le désordre commençait, les soldats jetaient leurs armes ou abandonnaient les canons faute d'attelage. » (LAVALLÉE.)

La lutte entre cette cohue d'infanterie démoralisée, privée des canons qui faisaient sa principale force, et l'armée russe fanatisée, n'était plus douteuse.

Presque toute la Grande Armée resta en Russie, morte ou prisonnière. Si, au lieu de 200,000 Allemands, Italiens, d'une infanterie française composée de conscrits, Napoléon eût eu les demi-brigades d'Italie et d'Egypte, ou les régiments de 1805 et de 1806 dont il disait avec juste raison que c'était la meilleure infanterie du monde, il aurait pu réduire singulièrement la quantité d'artillerie qu'il lui fallait traîner avec une armée peu homogène, et ses mouvements auraient été plus libres et infiniment plus rapides. La bataille de la Moskowa aurait été décisive. Si les rigueurs du climat avaient forcé à la retraite, elle se serait faite en bon ordre et ne serait pas devenue cette catastrophe inouïe dont les conséquences furent si terribles pour la France.

La vieille garde conserva toujours sa discipline, et sa contenance fut constamment telle qu'à Krasnoë les Russes n'osèrent l'attaquer.

Campagne de 1813

A peine rentré en France, Napoléon réorganise une nouvelle armée. Avec les cadres des dépôts et des conscrits qui savent à peine charger leurs armes, il reforme son infanterie. 4 régiments d'infanterie de la vieille garde tirés d'Espagne sont renforcés de 12 régiments de jeune garde. Il n'a plus de cavalerie. Ne voulant tirer aucun autre renfort d'infanterie d'Espagne, si ce n'est les cadres de 100 bataillons, il porte son artillerie au chiffre énorme de 1400 bouches à feu pour une armée totale de 300,000 hommes, soit 4 bouches 1/2 pour 1000 hommes. Nous sommes loin de l'unique bouche à feu pour 1000 hommes de la campagne de 1796. Mais aussi quelle différence de qualité dans l'infanterie!

Bataille de Lutzen. — Le village de Kaya étant le centre de la position, Napoléon concentre sur lui le feu de 64 pièces à droite et de 48 à gauche. Le village est emporté par la jeune garde, soutenue par la vieille.

Les alliés battent en retraite avec une perte de 15,000 hommes, ne laissant que 2,000 prisonniers entre nos mains, tandis que notre victoire nous coûtait 12,000 hommes.

La bataille de Bautzen fut gagnée par l'artillerie; mais si l'ennemi y perdit 18,000 hommes, nous en perdîmes 12,000. Il se retira en bon ordre, faisant résistance à chaque ruisseau, chaque ravin, chaque monticule. « Comment! dit l'Empereur, après une telle boucherie, aucun résultat? pas de prisonniers? Ces gens-là ne me laisseront pas un clou. »

Après l'armistice de Pleswitz, Napoléon pouvait refaire complétement son armée. « Il pouvait doubler ses ressources en traitant avec Ferdinand VII, en le renvoyant en Espagne, en rappelant les

150,000 soldats aguerris qui s'y consumaient sans utilité. » (LAVALLÉE.)

Quel appoint formidable que ces vieux régiments d'infanterie! Leur élan, qui venait se briser devant les feux terribles de l'infanterie anglaise, la seule infanterie d'Europe qui ait su leur tenir tête, aurait enfoncé toutes les armées russes et allemandes. Les conscrits que Napoléon opposait à ces derniers étaient courageux, mais la bravoure ne suffit pas pour gagner les batailles.

En Espagne, l'infanterie anglaise continuait le cours de ses succès à la bataille de Vitoria, et cependant aux siéges héroïques de Saint-Sébastien, de Badajoz, de Burgos, le fantassin français avait montré qu'en bravoure individuelle et mépris du danger, il ne cédait rien au fantassin anglais.

Pendant l'armistice, Napoléon avait fait de Dresde un camp retranché formidable, défendu par une nombreuse artillerie. La bataille de Dresde dura trois jours. Attaquant d'abord, l'infanterie alliée s'empare du faubourg de Pirna en passant dans les intervalles des redoutes. Mais à la vue de la vieille garde qui fait une sortie, cette infanterie lache pied et est mise en déroute.

Vandamme à Kulm est écrasé par des forces quadruples. Macdonald, surpris à la Katzbach, après une résistance de trois jours, est battu avec une perte de 66 canons et 20,000 hommes tués, blessés ou prisonniers. Ney à Dennewitz éprouve le même sort.

A Leipzig, 160,000 fantassins français, 20,000 cavaliers et 800 pièces de canon luttent contre plus de 300,000 alliés avec une artillerie formidable de 1,200 pièces. La bataille dura près de quatre jours. Nous perdîmes 50,000 hommes, dont 20,000 tués; les alliés eurent 60,000 hommes hors de combat, principalement par le feu de l'artillerie.

« Mais cette artillerie avait tiré dans la journée 95,000 coups de canon; depuis trois jours, elle en avait tiré 220,000; il ne lui restait pas 16,000 coups à tirer. Le grand parc s'était retiré à Torgau. On ne pouvait se réapprovisionner qu'à Magdebourg et Erfurt: l'Empereur se décida à la retraite. » (*Mémoires de Napoléon*.)

Cette retraite, devenue indispensable par l'épuisement des munitions d'artillerie, fut rendue désastreuse par l'explosion prématurée du pont de l'Elster.

A Hanau, l'armée bavaroise veut barrer le passage. La vieille garde la force à laisser passer l'armée française.

Campagne de 1814.

Pour résister aux alliés qui envahissent la France avec 480,000 fantassins, 100,000 cavaliers, 200 canons, Napoléon n'eut que

220,000 hommes « armées du Nord, des Pyrénées, d'Aragon et d'Italie, » dont 95,000 avec lui. Mais comme M. Thiers le fait observer, avec juste raison, dans son discours sur la loi de l'armée (1872), il avait composé cette armée presque entièrement de vieux soldats.

Le début de la campagne n'est pas heureux. Après le gain du combat de Brienne, Napoléon vient se heurter à La Rothière, avec 36,000 hommes et 110 canons, contre 100,000 hommes et 280 canons; il y perd 6,000 hommes et 50 canons. C'est à la vieille garde que l'on doit attribuer les victoires de Champaubert, Montmirail, Château-Thierry, Vauchamps et Reims. Mais à Arcis-sur-Aube, engagée contre des forces ennemies numériquement très-supérieures, elle est obligée de reculer.

La sanglante bataille du plateau de Craonne ne fut qu'un duel d'artillerie, à cause de la disposition topographique du terrain qui força les deux armées à combattre en ordre parallèle. Elle fut indécise, et les deux partis s'en attribuèrent l'honneur. Les Français y perdirent 8,000 hommes et les Russes 5,000; on ne se prit de part et d'autre aucun homme, aucune pièce de canon.

Après la bataille de Vitoria, l'armée française avait évacué l'Espagne et défendait le bassin de l'Adour. Soult, ayant perdu divers combats sur la Joyeuse et la Bidouze, livre à Orthez une bataille indécise. Il se retire à Toulouse, où il se retranche. Il aurait été vainqueur si son infanterie n'avait pas commis la faute, qui lui avait tant de fois coûté si cher en Espagne, d'attaquer en colonne l'infanterie anglaise déployée.

Le double combat de Fère-Champenoise, où 8,000 gardes nationaux sans artillerie luttent héroïquement pendant une journée contre 90 canons et contre l'immense cavalerie des alliés; la défense héroïque de Paris, qui, avec une artillerie insignifiante (50 pièces) et 22,000 hommes, résiste 12 heures à 140,000 alliés avec 500 canons et leur tue 18,000 hommes, sont les derniers efforts de cette lutte où la France succombe avec gloire.

Campagne de 1815.

L'armée qui battit les Prussiens à Ligny et vit la victoire lui échapper deux fois à Waterloo, était excellente et composée en majeure partie de vieux soldats, rappelés par Napoléon, qui avaient fait toutes les campagnes précédentes. Elle comprenait 120,000 hommes et 350 canons, c'est-à-dire moins de 3 canons pour 1000 hommes. La garde impériale était formée de 4 régiments de vieille garde, 4 de moyenne et de jeune garde, avec 4 régiments de cavalerie et 96 bouches à feu. On lui doit le gain de la bataille de Ligny.

La bataille de Waterloo, qui termine la carrière militaire de Napoléon, est très-instructive au point de vue de l'action respective de chacune des trois armes sur le sort des batailles.

La lutte s'engage d'une manière sérieuse à midi seulement, par suite des difficultés qu'éprouvait l'artillerie pour manœuvrer sur un terrain gras, détrempé par la pluie, entre 90,000 alliés et 69,000 Français. L'attaque de l'infanterie sur la gauche de la ligne anglaise avait été préparée par le feu de 80 pièces qui firent beaucoup de mal aux Anglais.

Mais l'infanterie de Ney, disposée d'une manière incroyable en une seule colonne, du front d'un bataillon et d'une profondeur de 40 hommes, éprouve dans son mouvement offensif des pertes énormes. Elle hésite; chargée par la cavalerie anglaise, elle s'arrête et est repoussée. Les cuirassiers français chargent à leur tour les cavaliers anglais et les détruisent presque entièrement.

L'arrivée, à 3 heures, des 40,000 Prussiens de Bülow sur le flanc droit de l'armée française oblige Napoléon de lui opposer 4 régiments de jeune garde, 4 bataillons de vieille et 40 canons de la garde. Au centre français (gauche anglaise), les cuirassiers de Kellermann avaient chargé avec furie l'infanterie anglaise, dont quelques carrés avaient été rompus, mais qui reculait cependant en bon ordre, sans se laisser entamer d'une façon sérieuse. La division de réserve de grosse cavalerie de la garde fut engagée prématurément, sans l'ordre de l'Empereur, pour soutenir les cuirassiers. Mais « n'étant pas soutenue par l'infanterie de la garde, dont une partie était engagée contre le corps de Bülow, cette brave cavalerie dut se borner à conserver le champ de bataille qu'elle avait conquis. Enfin, à 7 heures, Bülow repoussé, la cavalerie se maintenant toujours sur le plateau qu'elle avait conquis, la victoire était gagnée; 69,000 Français avaient battu 120,000 alliés. » (*Mémoires de Napoléon.*)

Napoléon rassemblait les 16 bataillons de la garde qui lui restaient disponibles pour un dernier effort suprême: 4 bataillons avec le général Picard marchèrent en avant, prêts à être soutenus par les 12 autres.

« Il fallait un quart d'heure pour gagner la bataille! C'est dans ce moment que le maréchal Blücher arriva à la Haye et culbuta le corps français qui la défendait; c'était la 4e division du 1er corps. Elle se mit en déroute et ne rendit qu'un léger combat. » (Napoléon.)

La bataille était définitivement perdue. La garde se forme en carré et se fait hacher plutôt que de reculer.

La victoire coûtait cher aux alliés. Ils avaient près de 60,000 hommes hors de combat.

Il résulte de l'étude de la bataille que :

1° La formation éminemment vicieuse du corps de Ney en une seule colonne monstrueuse, qui fut aisément repoussée, rendit cette infanterie, qui s'était débandée, à peu près inutile pendant tout le reste de la bataille;

2° Les efforts surhumains de la cavalerie française purent bien enfoncer quelques carrés et culbuter complètement la cavalerie anglaise, mais l'infanterie anglaise plia sous le choc et ne rompit point; la cavalerie française put seulement, au prix de grandes pertes, se maintenir sur le plateau, car une partie de la garde (16 bataillons) soutenait l'attaque de Bülow et l'autre partie restait comme dernière réserve;

3° Bülow repoussé, Napoléon va faire un effort avec ses derniers bataillons disponibles; la 4e division du 1er corps est mise en déroute par Blücher: ce qui reste de la garde est impuissant pour arrêter Blücher et empêcher la déroute.

« La garde impériale a soutenu son ancienne réputation, mais elle s'est trouvée engagée dans de malheureuses circonstances: elle était débordée par la droite et la gauche, inondée de fuyards et d'ennemis, lorsqu'elle a commencé à entrer en ligne; car si cette garde eût pu se battre les flancs appuyés, elle eût repoussé les efforts de deux armées ennemies réunies. » (NAPOLÉON.)

En résumé, la bataille perdue par l'infanterie française fut gagnée par la ténacité de l'infanterie anglaise. Si, au lieu de cette infanterie sur le plateau de Mont-Saint-Jean, il y avait eu de l'infanterie allemande, elle aurait été balayée par la cavalerie française.

XXII

Formations tactiques de l'infanterie française pendant les guerres de l'Empire.

Nous avons vu notre infanterie, au début de la République, combattre en colonne, précédée de nombreux tirailleurs. Les succès qu'elle obtint furent si nombreux que bientôt, pour vaincre sous l'Empire, il suffisait à nos soldats de marcher en avant. L'habitude de vaincre leur avait donné un tel ascendant moral sur leurs adversaires, que, méprisant leur feu, ils s'avançaient avec rapidité sur les lignes ennemies, sans éprouver réellement de grandes pertes. Le feu fut regardé alors par elle comme un auxiliaire superflu pour son audace.

Cette opinion fut bientôt tellement exagérée, que les vieux régiments se firent une gloire de ne devoir leurs succès qu'à la baïonnette; souvent on les vit marcher l'arme au bras, sans tirer un coup de fusil, sur les positions ennemies.

Ainsi se perdirent les leçons de la guerre de Sept ans, de la guerre d'Amérique et les fruits de notre propre expérience. Sans étudier la guerre de l'Indépendance d'Amérique, nous pouvons dire que par sa nature elle avait contribué beaucoup au développement de l'emploi des tirailleurs en grande bande. Les combinaisons offensives établies sur l'extension des combats de tirailleurs, c'est-à-dire sur le développement du feu de mousqueterie le plus meurtrier, furent abandonnées. Ce fut un pas rétrograde : nous devions le payer cher.

Les attaques à la baïonnette, qui nous réussirent longtemps contre des troupes qu'une très-longue suite de revers avait découragées, nous devinrent fatales lorsque nous rencontrâmes l'infanterie que l'Angleterre avait formée à grands frais et exercée à tirer avec calme et habileté. Sur les rivages de la Calabre, au mont Busaco, à Vimeiro, à Talavara, à Waterloo, nous vîmes l'élite de nos soldats tomber sous les meurtrières décharges des bataillons de Wellington, qui, déployés, attendaient de pied ferme nos masses que n'éclairaient plus des essaims de tirailleurs.

Pour repousser nos attaques, l'infanterie anglaise était partie d'un principe analogue à celui que nous avions adopté dans les premières campagnes de la Révolution : elle avait fondé sa puissance de résistance, comme nous celle de l'attaque, sur les effets préalables de la mousqueterie. Les lignes anglaises, déployées à l'avance et placées autant que possible dans des plis de terrain ou en arrière des crêtes des hauteurs, se couvraient par des essaims de tirailleurs qui, en refluant vers elles, les instruisaient de notre approche. Lorsque les têtes de nos colonnes étaient bien démasquées, les Anglais les accueillaient par une décharge faite presque à bout portant et dont les ravages étaient terribles. Aussitôt après cette fusillade, la ligne anglaise s'élançait la baïonnette en avant, assaillait de toutes parts nos masses ébranlées et réussissait presque toujours à les disperser. Si ce résultat n'était pas obtenu promptement, les soldats anglais se reployaient en toute hâte derrière une seconde ligne, postée comme la première, et on nous était réservée une nouvelle épreuve.

Il est évident que les manœuvres qui ont si bien réussi à l'infanterie anglaise dans ses engagements avec la nôtre eussent été soumises à de tout autres chances, si nos masses n'eussent marché à elle que précédées par de nombreux tirailleurs et soutenues par la mousqueterie de bataillons marchant déployés. Les troupes britanniques, contraintes d'employer la fusillade contre ces forces auxiliaires, n'auraient pu conserver l'ordre et le sang-froid qui les faisaient tirer si juste contre nos masses hors d'état de riposter ; dans leurs attaques à la baïonnette, elles n'auraient pas eu à aborder seulement le petit nombre de soldats qui, en colonnes serrées, peuvent prendre part au combat. Dès lors les combinaisons auxquelles

les Anglais furent redevables de leurs succès eussent été totalement déconcertées. Cette infanterie anglaise avait été battue en Amérique par les Français et les Américains, attaquant surtout en tirailleurs. Les Américains avaient presque tous déjà, à cette époque, des carabines rayées dont le feu lent, mais précis, fit beaucoup de mal aux Anglais et contribua énormément à leurs revers.

XXIII

Opinion de Napoléon sur l'infanterie et l'artillerie.

Napoléon était si loin de placer la force de l'infanterie ailleurs que dans son feu, qu'il prescrit, dans ses *Mémoires*, de la former sur deux rangs, « parce que le fusil ne permet de tirer que sur cet ordre et qu'il est reconnu que le feu du troisième rang est imparfait, et même qu'il est nuisible à celui des deux premiers. »

Quant à l'artillerie, son opinion est beaucoup plus explicite. Voici ce qu'il dit dans ses *Mémoires* et dans ses *Notes* sur l'ouvrage du général Rogniat :

« Il faut qu'une division soit une armée au petit pied ; si elle a peu d'artillerie, et si elle trouve devant elle une division russe, prussienne ou autrichienne d'égale force comme infanterie, mais avec une artillerie très-supérieure, l'artillerie de la division française sera promptement réduite au silence et démontée ; l'infanterie sera chassée de sa position à coups de canon, ou si elle se maintient, ce sera au prix d'un sang bien précieux. La plus grande partie de l'artillerie doit être avec les divisions d'infanterie et de cavalerie, la plus petite en réserve.

« Il faut dans une armée, de l'infanterie, de la cavalerie, de l'artillerie dans de justes proportions ; ces armes ne peuvent point se suppléer l'une à l'autre. Nous avons vu des occasions où l'ennemi aurait gagné la bataille : il occupait, avec une artillerie de 50 à 60 bouches à feu, une belle position ; on l'aurait en vain attaqué avec 40,000 chevaux et 8,000 fantassins de plus. Il fallut une batterie d'égale force, sous la protection de laquelle les colonnes d'attaque s'avancèrent et se déployèrent. Les grands tacticiens sont convenus qu'il faut 4 pièces par 1,000 hommes, ce qui donne en hommes le 1/8 de l'armée pour le personnel de l'artillerie, et une cavalerie égale au 1/4 de l'infanterie.

« Prétendre courir sur les pièces, les enlever à l'arme blanche ou faire tuer des canonniers par des tirailleurs sont des idées chimériques. En système général, il n'est pas d'infanterie, si brave qu'elle soit, qui puisse sans artillerie marcher impunément pendant 500 ou 600 toises contre 16 pièces de canon bien placées, servies par de bons canonniers ; avant d'être arrivés aux deux tiers du chemin, ces hommes seront tués, blessés, dispersés. Une bonne infanterie est sans doute le nerf de l'armée; mais si elle avait longtemps à combattre contre une artillerie très-supérieure, elle se démoraliserait et serait détruite. » (*Mémoires.*)

Cette opinion exclusive de Napoléon Ier sur l'artillerie nous sera sans doute opposée par les partisans outrés de l'artillerie. Mais nous chercherons à prouver, à la fin de ce travail, que si elle était vraie à son époque, elle ne l'est plus maintenant, et que les progrès mécaniques accomplis par l'artillerie et l'infanterie sont tout en faveur de cette dernière, si elle est instruite, disciplinée et bien commandée.

Nous ne dirons rien des campagnes d'Espagne et de Morée, sous la Restauration. Nous passerons également rapidement sur les guerres d'Afrique.

XXIV

Guerres d'Afrique.

Au début de l'expédition d'Alger, l'infanterie française brûla en quelques jours 4 millions de cartouches sans presque faire de mal aux Arabes. L'instruction de tir de nos tirailleurs était nulle. Ils tiraient à peu près droit devant eux. Leurs balles frappaient dans le sable à 200 mètres, pendant que les tirailleurs arabes, « pointant leurs longs fusils sous des angles très-inclinés, envoyaient leurs balles dans nos colonnes, à des distances de 500 à 600 mètres, négligeant souvent de tirer sur les tirailleurs éparpillés beaucoup plus devant eux, mais ne présentant pas un but aussi facile à atteindre que de profondes colonnes. » (DELVIGNE, *Notice historique sur l'adoption des armes rayées.*)

Tant qu'en Afrique l'infanterie française fut inhabile au tir et obligée de traîner après elle une assez nombreuse artillerie pour la protéger, la conquête marcha à pas lents. Il fallut que le maréchal Bugeaud, vieux soldat d'Espagne, vînt la délivrer de cette suggestion. Il remit le tir en honneur dans l'armée française, et contribua beaucoup à l'adoption du règlement sur le tir de 1845. L'année suivante, l'adoption de la carabine à tige nous permit de donner aux corps spéciaux une arme dont la portée et la précision, inconnues jusqu'alors, rendirent le feu du tirailleur français très-supérieur au feu du tirailleur arabe.

XXV

Guerre de Crimée.

L'artillerie française venait d'adopter un système nouveau de canons-obusiers de 12, dû au général Favé, système que l'on pourrait considérer comme le dernier mot de l'artillerie lisse.

Les 10 bataillons de chasseurs à pied étaient constamment tenus au complet. Leur arme (carabine à tige) venait d'être donnée à certains corps spéciaux d'Afrique.

L'armée russe qui fit la guerre de Crimée avait une excellente artillerie. Vers 1836, le général russe Okouneff avait prétendu prouver la supériorité de l'artillerie employée en grande masse sur le feu de l'infanterie, dès que cette artillerie se serait perfectionnée.

« Je crois prévoir qu'un jour viendra où l'art des batailles sera fondé sur les effets de l'artillerie, qui régnera en arme principale, en assignant aux deux autres des catégories secondaires. »

L'Alma d'abord, Inkermann, Traktir, devaient donner un démenti formel aux idées du général russe.

La bataille de l'Alma prouva la supériorité de nos soldats d'Afrique, exercés aux combats en tirailleurs, sur le fantassin russe qui, suivant encore la tactique des anciennes guerres de l'Empire, ne savait que combattre en masse compacte. En outre, les Russes n'avaient pas encore d'armes rayées en quantité suffisante. Le feu de ceux de nos soldats qui en étaient munis leur fit éprouver de grandes pertes, et notamment à leur artillerie.

L'infanterie anglaise se montra à la hauteur de sa réputation. Elle marcha, l'arme au bras, avec autant de régularité qu'à la parade, sur les positions ennemies garnies d'artillerie.

Le siége entier de Sébastopol ne peut entrer dans le cadre de notre sujet. Nous n'en citerons que les principales actions.

A Inkermann, l'armée anglaise fut surprise dans son camp. « Les boulets russes avaient atteint les soldats anglais dans leurs tentes. Il avait fallu toute la solidité de nos alliés pour qu'il ne s'ensuivît pas une panique. Sans s'émouvoir, ils avaient pris leurs armes, mais ils s'étaient trouvés en face de profondes colonnes d'infanterie. Engagées dans un ravin trop étroit, ces colonnes heureusement ne parvenaient pas à se déployer; elles renouvelaient sans cesse leurs rangs devant les Anglais, que la lutte épuisait. 80 pièces d'artillerie, mises en batterie dès le début du combat, soutenaient ces masses d'assaillants. Nos alliés devaient succomber. Accablés sous le nombre, ils ne pouvaient défendre plus longtemps l'accès du plateau. Les Russes, trouvant enfin pour se déployer le champ libre, allaient tout inonder, quand arrivèrent, au pas de course, les zouaves et les tirailleurs algériens. Ces premiers bataillons se jetèrent au milieu de la mêlée sans attendre les troupes qui les suivaient; ils suffirent pour changer la face des choses. L'ennemi avait eu sujet de compter sur la victoire, il ne pouvait se résigner à y renoncer. Au fond de la vallée, les régiments russes continuaient à monter à l'assaut. Les pentes du ravin se couvraient de monceaux de cadavres. L'artillerie ennemie se décida la première à plier. L'infanterie ennezoie, n'étant plus soutenue, recula d'abord en bon ordre, mais elle ne put conserver longtemps cette fière attitude.

« Les bataillons russes arrivèrent dans un affreux pêle-mêle sur les bords de la Tchernaïa; la retraite était devenue une déroute. » (Amiral JURIEN DE LA GRAVIÈRE. *La Marine d'aujourd'hui.*)

L'enlèvement du Mamelon-Vert fut dû à la bravoure de notre infanterie, au prix de 2,500 hommes tués ou blessés. Mais le 18 juin, malgré tout son courage, elle est repoussée ainsi que l'infanterie anglaise, avec perte de 1,500 Anglais et 3,000 Français.

A Traktir, les alliés sont encore surpris en nombre très-inférieur; mais, « malheureusement pour les généraux russes qui se prodiguaient, leurs troupes marchèrent sans élan. Les vieux soldats qui avaient combattu à l'Alma et à Inkermann étaient devenus rares; c'était avec des recrues que la Russie continuait la guerre. » (*La Marine d'aujourd'hui.*)

Les Russes battus perdirent 6,000 hommes et 2,200 prisonniers.

Le 8 septembre, l'infanterie anglaise est repoussée au grand Redan, l'infanterie française au Bastion central, mais elle s'empare de Malakoff. Une fois dans l'ouvrage, rien ne peut l'en déloger. Postée derrière les traverses que les Russes avaient été obligés d'élever pour arrêter les éclats de bombes, elle n'avait à défendre que la gorge de l'ouvrage contre les retours offensifs des Russes. « En vain les bataillons vainqueurs au grand Redan affluèrent de toutes parts vers le bastion que nous avions conquis; nous repoussâmes avec un millier de soldats les assauts furieux qui nous furent donnés. Si la lutte se prolongea si longtemps à Malakoff, c'est que partout ailleurs elle avait cessé. Cette lutte, entretenue par de constants renforts, fut vive et sanglante. Les qualités militaires des deux nations s'y montrèrent dans tout leur éclat. (*La Marine d'aujourd'hui.*)

Et l'amiral Jurien de La Gravière ajoute quelques lignes plus bas :

« Les Russes auraient pu triompher à l'Alma, à Inkermann, à Traktir; les tacticiens de Saint-Pétersbourg avaient quelque droit d'y compter. Ce qu'ils n'avaient pas fait entrer dans leur calcul, c'était l'élan irrésistible de l'infanterie française et la solidité inébranlable de l'infanterie anglaise. »

XXVI

Progrès des armes à feu françaises après la guerre de Crimée.

L'expérience ayant démontré pendant la guerre de Crimée les nombreux avantages des armes rayées, un décret de 1855 porte de 10 à 20 le nombre des bataillons de chasseurs à pied. La même année, l'infanterie de marine, qui avait tenu dignement sa place en Crimée à côté de l'armée d'Afrique, reçoit l'armement et l'organisation des chasseurs à pied.

En 1857, on raye les fusils d'infanterie, qui tirent une balle à évidement triangulaire.

Par suite de cette modification la portée de l'arme fut étendue jusqu'à 600 mètres. Le poids de l'ancienne cartouche à balle sphérique était d'environ 37 grammes. Le comité de l'artillerie, pour ne pas augmenter le poids des munitions à transporter par le fantassin et par les caissons, fixa à ce chiffre le poids de la cartouche à balle évidée. La commission de tir de Vincennes fut donc obligée de limiter à 32 grammes le poids de la nouvelle balle, avec une charge de 4gr,50 ; ce qui faisait avec l'étui à poudre et le papier à peu près le poids de l'ancienne cartouche.

Aussi le tir de cette balle, quoique bien meilleur que celui de la balle sphérique, restait fort en dessous de celui de la carabine à tige. Il était assez bon à 200 mètres, fort médiocre à 400 et presque nul à 600 mètres. Antérieurement à cette balle modèle 1857, on avait donné à la garde impériale une balle de 36 grammes à évidement circulaire.

« Le peu de justesse du fusil de la ligne fit juger inutile de le munir d'une hausse à plusieurs lignes de mire. A cette époque, un grand nombre de tacticiens français niaient l'utilité de la hausse pour la masse de l'infanterie.

« On prit une sorte de moyen terme. Le tir à 400 et à 600 mètres fut réglé par le pouce gauche du tireur, qui, placé à la capucine d'une certaine façon, devait servir de hausse.

« Par suite de son peu de vitesse initiale (324 mètres), la trajectoire était fort peu tendue. La flèche pour sa portée maximum de 600 mètres était de 9m,24.

« On comptait, pour obvier au peu de tension de la trajectoire, précisément sur les autres défauts que présentait la justesse.

« L'irrégularité du tir de l'arme et les erreurs de pointage qu'entraîne forcément l'emploi du pouce comme hausse ont pour résultat d'éparpiller les balles sur le terrain, d'augmenter l'étendue des zones efficaces et par suite de diminuer les zones sans feux. » (*Cours réglementaire de tir.*)

C'était prouver clairement que l'infanterie française ne pouvait guère compter sur l'efficacité de son feu au delà de la portée du but en blanc naturel.

L'instruction sur le tir de 1845 fut fort peu modifiée : on se contenta d'éloigner au polygone les cibles de 300 à 600 mètres, et l'on crut avoir assez fait. Le tir fut fort peu encouragé dans l'armée ; quant à l'appréciation des distances, elle existait bien un peu sur l'instruction de tir, mais on n'en faisait pas en réalité dans la pratique.

En 1859 on transforma la carabine des chasseurs à pied.

La tige fut supprimée, la balle pleine fut remplacée par une balle à évidement triangulaire du même poids, pouvant supporter une charge de 5gr,25. La justesse resta à peu de chose près la même, mais la trajectoire fut un peu plus tendue.

XXVII

Campagne de 1859.

Pour l'étude de cette campagne, nous renvoyons aux relations de l'état-major français et de l'état-major prussien. Avant, il importe d'examiner l'armement de l'infanterie autrichienne, ainsi que les artilleries respectives des armées française, piémontaise et autrichienne.

Armement de l'infanterie autrichienne en 1859.

L'infanterie autrichienne avait deux armes du même calibre (13mm,9). Elle employait deux sortes de cartouches : l'une pour le fusil rayé de la ligne, avec un projectile de 30 grammes et 4 grammes de poudre; l'autre pour la carabine tyrolienne, avec un projectile de 28 grammes et une charge de poudre de 4gr,37. Les deux armes avaient une hausse graduée jusqu'à 1000 pas (750 mètres). Cependant, après 500 mètres le fusil de ligne autrichien n'avait pas beaucoup de justesse, quoique à toutes les distances elle fût encore bien supérieure à celle du fusil français.

L'infanterie de ligne autrichienne n'était pas très exercée au tir et à l'appréciation des distances, ce qui annulait en grande partie la supériorité de portée et de justesse de son arme. Les Tyroliens seuls et les chasseurs à pied autrichiens jouissaient d'un certaine réputation d'adresse.

Mais les deux armes autrichiennes avaient un grand défaut. Pour un calibre de 13mm,9 les balles avaient un diamètre de 13mm,55, c'est-à-dire que le vent était réduit à 0mm,35. Il en résultait qu'après un certain nombre de coups, le canon étant encrassé, le chargement devenait pénible.

L'infanterie piémontaise avait un fusil analogue au fusil français, mais non rayé et tirant une balle à téton. Les bersagliers possédaient seuls une carabine rayée, inférieure aux armes autrichiennes.

Artillerie des diverses puissances pendant la campagne de 1859.

Le Piémont et l'Autriche avaient encore l'ancien matériel composé de canons lisses de 8 et de 12, et d'obusiers de 15 et de 16 centimètres environ. L'Autriche avait en outre un certain nombre de batteries de fusées.

La France amena en Italie des batteries de canons-obusiers de 12 et une nouvelle pièce de 4 rayée. Cette pièce, qui est connue de tout le monde, avait un tir efficace jusqu'à 3,200 mètres. Son projectile oblong avait une fusée fusante à six canaux d'éclatement.

En face d'une artillerie dont le tir maximum ne dépassait pas 1200 mètres, cette artillerie rayée devait forcément avoir une grande supériorité et faire beaucoup de mal aux Autrichiens, mais il ne faut pas lui attribuer tout le gain de la campagne. Elle fut l'auxiliaire utile de l'infanterie française, mais ce fut celle-ci qui réellement gagna toutes les batailles.

Campagne d'Italie (1859). — *Tactique de l'infanterie française.*

Devant une infanterie mieux outillée qu'elle, mais médiocrement habile au tir, à part quelques corps spéciaux, l'infanterie française, également peu exercée au tir, ayant un armement bien inférieur et d'ailleurs méprisant par instinct et tradition nationale le feu de l'ennemi, devait chercher à éviter le combat de loin et à joindre l'ennemi de près. Elle y fut du reste encouragée par un des premiers ordres du jour de la campagne : « Les armes de précision ne sont dangereuses que de loin. »

L'élan qui lui avait fait battre à l'Alma, à Inkermann, à Malakoff, à Traktir l'infanterie russe armée d'un fusil lisse, lui fit battre à Montebello, Palestro, Magenta et Solférino l'armée autrichienne, malgré son fusil rayé à longue portée.

Il est vrai qu'elle ne commit pas la faute de se présenter en colonnes profondes devant le feu de cette dernière. Déployée presque toujours en une chaîne de tirailleurs, sachant tirer parti de tous les accidents de terrain pour tirailler et surtout se couvrir à son aise, elle s'avançait avec rapidité sur l'infanterie autrichienne qui, ne pouvant réussir à l'ébranler par quelques salves précipitées et n'osant attendre le combat corps à corps, tournait les talons dès qu'elle se sentait serrée de près. En un mot, les deux infanteries se battirent presque comme du temps de Napoléon Ier et du prince Charles.

L'artillerie autrichienne, réduite au silence par l'artillerie française qui la criblait de projectiles à une distance où elle ne pouvait risposter, ne put prêter un concours efficace à son infanterie.

Il n'y eut pas cependant, à proprement parler, de combat à la baïonnette, comme il y en avait eu en Crimée. L'infanterie autrichienne ne se laissa jamais aborder par l'infanterie française et battit toujours en retraite avant le contact.

L'effectif des deux armées française et piémontaise ne dépassa pas 220,000 hommes et 549 canons, dont 200 au plus étaient rayés, soit à peu près 2 1/2 bouches à feu par 1000 hommes.

L'armée autrichienne était forte de 135,000 hommes et 390 canons, c'est-à-dire une proportion un peu plus forte.

Combat de Montebello. — Les troupes françaises et piémontaises étaient numériquement fort inférieures aux Autrichiens. L'infanterie française prend résolument l'offensive, et, après une lutte acharnée, s'empare du village de Montebello. Dans tout le reste de la campagne, cette infanterie combattit toujours de la même façon. Les combats de Palestro et de Turbigo furent gagnés de cette manière.

Bataille de Magenta. — Si jamais bataille fut engagée dans de mauvaises conditions tactiques, ce fut la bataille de Magenta. La victoire fut due non pas, comme on l'a dit souvent par erreur, à la batterie de 40 pièces rayées du général Auger, mais bien à la bravoure des grenadiers de la garde.

La redoute qui défendait le pont de San-Martino une fois prise par eux, ils la défendirent avec ténacité contre les lignes ennemies qui voulaient la reprendre, et leur constance permit au maréchal de Mac-Mahon de tomber en plein sur le flanc des Autrichiens, ce qui décida définitivement la victoire.

Les Autrichiens engagèrent dans cette bataille 58,000 fantassins, 5,000 cavaliers et 157 pièces. L'armée franco-piémontaise ne mit en ligne que 47,000 fantassins, 12,000 cavaliers et 87 pièces.

Aussi lit-on dans la *Relation de la campagne de* 1859 par l'état-major prussien :

« L'affaire de Magenta fut décidée par la persévérance et la ténacité du fantassin français, qui était bon marcheur, indépendant et libre dans son action individuelle. »

Le combat de Melegnano est aussi un succès de l'infanterie française.

Bataille de Solférino. — Les Autrichiens mirent en ligne 183,000 hommes et 516 canons; les alliés 156,000 hommes et 400 canons.

La bataille fut belle et bien gagnée par l'infanterie, d'abord par celle du maréchal Niel, qui, par sa résistance, donna le temps au général Trochu de venir le renforcer; ensuite par la division des voltigeurs de la garde, qui enleva les positions de Solférino et de Cavriana, sous un feu intense d'artillerie et de mousqueterie. On prétend que quelques boulets français destinés aux premières lignes autrichiennes, tombant dans leurs réserves, auraient déterminé la débandade de ces réserves. En tout cas, cet événement ne prouverait qu'une chose : le peu de solidité de l'infanterie autrichienne, ce qui viendrait à l'appui de notre thèse.

Les Autrichiens perdirent 9,000 prisonniers et eurent 13,000 hommes hors de combat; les alliés en eurent encore davantage (18,000).

En résumé, l'artillerie française, pendant la guerre d'Italie, s'est montrée l'auxiliaire utile de l'infanterie et lui a prêté un concours très-efficace.

Elle fut un accessoire fort important, mais rien qu'un accessoire.

Dans son *Art de combattre l'armée française*, ouvrage dont le titre est plus que significatif, le prince Frédéric-Charles de Prusse, étudiant la tactique française dans la campagne d'Italie, pose en principe que « le soldat français marche toujours en avant, telle est la tactique française dans toute sa simplicité. Peu importe la forme, elle diffère selon le but, le terrain, les manœuvres et surtout les fautes de l'ennemi. Un second principe, qui devient bientôt familier au soldat comme au général, repose dans cette vérité : c'est que la force morale est supérieure à la force physique. »

Et plus bas : « Un des principes les plus essentiels des Français, un de ceux surtout qu'ils me paraissent avoir le plus souvent mis en pratique dans les dernières campagnes (Crimée et Italie), c'est celui de ne jamais se défendre d'une manière passive, mais d'agir constamment dans l'offensive, même dans le cas où il ne s'agit que de se défendre. Avec leurs continuelles attaques, les Français qui combattraient contre nous sur un terrain beaucoup plus découvert qu'en Italie, subiraient sans doute de beaucoup plus grandes pertes. Mais si on les laissait faire impunément, ils finiraient par arriver à leur but. Le soldat français sait en partie, par expérience personnelle, que le danger d'être atteint par les coups de fusil n'est très-grand qu'à certaines distances moyennes. Si l'on dépasse ces distances, le danger, au lieu d'augmenter, diminue à mesure qu'on se rapproche de l'ennemi et finit par cesser presque tout à fait. Avec les fusils lisses, cette expérience était infaillible et elle paraît se confirmer même avec les fusils rayés. Le fait s'explique actuellement : plus l'ennemi s'approche, plus on se hâte de charger et de tirer et plus mal on vise; à peine appuie-t-on les fusils à l'épaule que le coup est lâché presque toujours trop haut.

« Ainsi donc, cette dernière circonstance nous engage à avoir recours à l'arme blanche dès que l'ennemi est à cent ou cent cinquante pas de distance, et que l'intérêt de la position ou la configuration du terrain ne l'interdit pas absolument. »

Et cependant, en 1860, quand le prince prussien écrivait ces lignes, toute l'infanterie prussienne était armée du fusil à aiguille dont elle devait tirer un si grand parti six ans après.

Continuons les citations de cet intéressant ouvrage, qui n'a pas été assez médité par l'armée française avant la dernière guerre :

« Nous devons accorder une attention toute particulière à la manière d'attaquer des Français, à cette fougue qui leur est toute particulière, de toute antiquité, et dont Jules-César avait été frappé déjà. Il considérait, je crois, leur premier élan comme le plus dangereux et ceux qui suivaient comme moins puissants. Quoi qu'il en soit, la véhémence de l'attaque, la furie française des guerres de la Révolution est aujourd'hui encore un caractère national.

« C'est un principe dans l'armée française que l'attaque, dès qu'on l'a résolue, ne peut jamais être exécutée assez tôt ou assez rapidement. C'est pourquoi on cherche à prolonger le feu le moins longtemps possible. En Italie, c'est à peine si le feu durait un quart d'heure avant d'en venir à l'attaque à l'arme blanche, souvent même on ne brûlait pas une amorce pendant l'attaque. »

Dans l'examen de la campagne de 1870-1871, nous reviendrons sur cette étude du caractère et du mode de combattre de l'infanterie française.

XXVII

Campagnes de Chine et de Cochinchine.

Nous serons très-bref sur ces campagnes entreprises par une poignée d'Européens contre une multitude barbare et mal armée, mais possédant cependant une grande quantité d'artillerie. C'est aux deux infanteries française et anglaise que l'on doit la prise des forts du Peï-ho avec une énorme quantité de canons.

C'est aussi à une poignée de Français que l'on doit la prise du camp retranché de Ki-hoà en Cochinchine. Ce camp, de 15 lieues de développement, comprenait cinq lignes successives formées de courtines reliées par des redans ou des redoutes. Le relief en était faible et donnait peu de prise aux feux de l'artillerie.

Mais, pour arrêter l'assaut, les Annamites avaient déployé un luxe incroyable de défenses accessoires. Des lignes multiples de trous-de-loup, des avant-fossés, des haies de bambous épineux couvraient une zone de 100 mètres en avant du parapet, dont l'escarpe était en outre palissadée.

Les Annamites, au nombre de 20,000 hommes, avec une nombreuse artillerie, se défendirent avec acharnement. La lutte, qui dura deux jours, fut activement secondée par la grosse artillerie des redoutes françaises entre Saïgon et Cholen, qui empêcha l'ennemi de nous attaquer en flanc. L'infanterie qui donna l'assaut se composait du 101e de ligne, d'un régiment d'infanterie de marine, d'un bataillon de matelots et d'un bataillon tagal.

L'artillerie ne put mettre en ligne que 3 batteries de campagne dont le tir fut impuissant à pratiquer une brèche dans l'escarpe palissadée.

XXIX

Campagne du Mexique.

Nous passerons également rapidement sur cette campagne. Nous n'avons à mentionner que le combat du Corcovado et la prise de Puebla qui égale presque le siége renommé de Saragosse.

L'échec de la première attaque de Puebla était inévitable. La disproportion numérique était trop grande entre l'armée mexicaine, forte de 14,000 hommes, occupant des hauteurs fortement retranchées et munies d'une nombreuse artillerie lisse de gros calibre, et la petite armée française, de 6,000 hommes dont 4,000 seulement combattirent. Et cependant l'infanterie française parvint à aborder de près les positions ennemies. Faute d'une réserve suffisante, elle ne put les enlever.

La réputation du soldat français était telle en ce moment que les Mexicains, étonnés de leur victoire, n'osèrent poursuivre les Français et les laissèrent battre tranquillement en retraite.

XXX

Guerre de Danemark en 1864.

Cette lutte héroïque d'un petit peuple contre deux grandes puissances est assez intéressante à examiner. Pour la première fois les Prussiens se servirent de leur fusil à aiguille sur une échelle un peu large, et les résultats qu'ils obtinrent leur prouvèrent toute l'influence du feu d'une bonne infanterie sur le sort des combats.

Influence du fusil à aiguille sur la campagne de Danemark.

Après l'abandon des positions retranchées du Dannevercke, l'armée danoise couvre sa retraite à Oeversée par une brigade d'infanterie. Cette brigade tint tête à des forces quadruples et ne se retira sur Flensbourg qu'après avoir perdu 800 hommes dans un combat long et sanglant.

Après un bombardement en règle des ouvrages de Duppel, armés de 118 pièces, par 122 pièces prussiennes, dont 57 rayées, les Prussiens donnèrent l'assaut avec 22,000 hommes. Cette infanterie emporta toutes les redoutes de l'aile gauche à la suite de combats plus ou moins acharnés. Mais la réserve d'infanterie danoise, s'avançant pour recueillir les débris de son aile gauche, arrêta l'infanterie prussienne, qui fut obligée, à son tour, d'engager sa réserve. La deuxième ligne d'ouvrages danois fut alors emportée, et les troupes danoises battues passèrent dans l'île d'Alsen à la faveur de la tête de pont de Sondebourg.

Les pertes des Danois furent de 2,600 tués ou blessés et celles des Prussiens de 1,200 hommes. Celles provenant du feu de l'infanterie seulement furent plus grandes chez les Danois que chez les Prussiens.

« Or, le résumé des pertes essuyées de part et d'autre, et particulièrement de celles causées par les feux d'infanterie, accuse en moyenne de 3 à 5 victimes danoises tombées sous les balles prussiennes contre une victime prussienne sacrifiée aux balles ennemies. » (DE PLOENNIES : *Le fusil à aiguille*.)

XXXI

Guerre d'Amérique (1861-1865).

Ces quatre années de lutte incessante, remplies par une grande quantité de combats et de batailles où vainqueurs et vaincus éprouvèrent de grandes pertes, ne peuvent pas être résumées dans cette étude. Dans tous ces combats, généralement indécis, l'artillerie jouait le principal rôle. Les Américains amenèrent sur le champ de bataille des calibres monstres dont on n'avait eu aucune idée encore en Europe.

Dans la campagne du Potomac, l'armée confédérée avait établi à York-Town une ligne de fortifications de 7 milles d'étendue (12 kilomètres), avec une grande quantité de canons rayés, pour la plupart de très-gros calibre.

L'armée fédérée ayant essayé de forcer le passage, fut repoussée et se décida à faire, pour ainsi dire, le siége de cette ligne. En quinze jours seulement, du 17 avril au 1er mai, « une puissante artillerie avait été amenée, non sans peine : des canons rayés de 100 et de 200 même, des mortiers de 0,32 s'apprêtaient à battre la place. Quatorze batteries avaient été construites, armées et approvisionnées. » (Prince DE JOINVILLE, *Campagne du Potomac*.)

Les armées américaines firent en outre un abus prodigieux des retranchements. Le général Beauregard dit en effet que, presque partout où les soldats américains s'arrêtaient, leur premier soin était de se couvrir par des épaulements ou par des rifle-pits, sortes de trous de tirailleurs. Ils en élevaient souvent, même pendant les combats, toutes les fois qu'ils changeaient de position. Des deux côtés, le soin le plus extrême était apporté à se garantir des projectiles ennemis, aussi bien de la balle que de l'obus.

L'armement de l'infanterie était le même dès le début dans les deux armées. Il se composait de fusils et carabines rayés de moyen calibre (14mm,6), lançant un projectile de 32 grammes, avec une charge de $4^{gr}.50$, ayant une assez belle justesse jusqu'à 1000 mètres Cette arme était la copie du fusil anglais Enfield.

Tactique des infanteries américaines pendant la guerre de Sécession.

Le fantassin américain, généralement bon tireur, calme, ayant du sang-froid, avait une propension innée à tirailler aux grandes distances. Les batailles de la guerre américaine ne furent donc, en thèse générale, qu'une lutte à longue portée, à coups de canon et de fusil. Aussi furent-elles généralement indécises, vérifiant ainsi les principes posés par Jomini en 1856 : « Malgré le perfectionnement des armes à feu, deux armées se rencontrant et voulant se livrer bataille, ne sauraient se fusiller de loin toute une journée. Pour obtenir un résultat décisif, il faudra toujours que l'une des deux se porte en avant pour attaquer l'autre, et dès lors le succès dépendra comme jadis de la manœuvre la plus habile, selon les principes de la grande tactique, qui consistent à savoir lancer la masse de ses troupes, au moment opportun, sur le point du champ de bataille qui peut décider de la victoire en y faisant concourir les trois armes simultanément. » (JOMINI. *Formation des troupes pour le combat.*)

Le Nord s'étant enfin décidé à terminer la lutte, introduisit dans ses armées, non-seulement les armes se chargeant par la culasse (fusil Peabody), mais encore les armes à répétition (mousqueton Spencer).

Ces armes, de petit calibre, $12^{mm},7$, d'un tir très-rapide, rendirent le feu de l'infanterie fédérale décisif dans les dernières batailles qui terminèrent cette sanglante guerre.

« Les fédéraux, armés de fusils se chargeant par la culasse, dirigèrent, à la bataille de Chikamanga, un feu tellement infernal contre leurs adversaires, que le feu cessé, dit le colonel Wilder, appartenant aux premiers, il fut impossible, dans un espace de 300 yards (271 mètres) de la position occupée par l'ennemi, de faire un pas sans poser le pied sur un cadavre. »

XXXII

Guerre de 1866, entre la Prusse et l'Autriche.

La lutte de 1866, entre la Prusse et l'Autriche, nous prouve que l'infanterie est la reine des batailles.

Nous avons parlé de l'infanterie autrichienne. Son armement était le même qu'en 1859. Il suffit donc de se reporter à ce que nous en avons dit plus haut.

Artillerie autrichienne.

En revanche, l'Autriche avait réformé complètement son matériel d'artillerie. Profitant de l'expérience acquise pendant la guerre d'Italie, elle avait adopté pour son artillerie de campagne deux calibres, le 4 et le 8, en bronze, le premier avec 6 et le deuxième avec 8 rayures. Les projectiles creux, de forme ogivale, avaient la partie postérieure revêtue d'une enveloppe en métal mou, alliage de zinc et d'étain, portant des saillies correspondant aux rayures de la pièce. Par suite d'une disposition particulière du flanc de départ de la rayure, le vent, comme dans les canons rayés de la marine française, se trouvait supprimé entièrement, ce qui donnait un bonne justesse de tir. Les obus ordinaires étaient munis de fusées percutantes ; les obus à balles, de fusées à temps.

La pièce de 4 avait une portée maximum de 3,500 mètres et la pièce de 8 de 3,800 mètres. Nous ne dirons rien de la pièce de 3 de montagne, qui ne fut pas employée.

Artillerie prussienne.

L'artillerie prussienne avait adopté, seulement en 1864, un canon de 4 de campagne, en acier fondu, se chargeant par la culasse, et plus tard un canon de 6 analogue.

Le canon de 4 a un diamètre plus petit que le canon autrichien du même calibre. Les deux canons, de 6 et de 4, avaient 12 rayures. L'obus, entouré d'un manchon de plomb, prend les rayures par forcement.

Ce mode de chargement, supprimant complètement le vent du projectile, augmentait la justesse du tir et la vitesse initiale. Les obus ordinaires avaient une fusée percutante, et les obus à balles une fusée à temps. Le nombre de ces pièces n'était pas assez grand pour en donner à toute l'armée prussienne. Aussi toute l'artillerie à cheval et une des quatre batteries de chaque division d'infanterie se servaient des canons-obusiers lisses de 12.

La portée efficace de ces canons-obusiers ne dépassant pas 1,200 mètres, ils rendirent peu de services.

Les Prussiens n'opposèrent donc que 492 canons rayés aux 852 canons de leurs adversaires.

Fusil à aiguille prussien.

Le fusil à aiguille, dont l'infanterie prussienne avait apprécié la valeur pendant la guerre de Danemark, était adopté depuis longtemps. Son premier modèle remonte à 1841. Dans cette arme, le choc d'une aiguille contre une pastille de poudre fulminante enflamme la charge.

Le fusil prussien offre beaucoup d'analogie avec le fusil français, qui n'en est qu'une copie. Les différences portent : 1° sur le mode d'obturation, qui se fait dans le fusil prussien par l'élasticité d'un tronc de cône en acier qui termine la partie inférieure du canon et autour duquel vient s'emboîter la tête de culasse mobile ; 2° l'aiguille plus longue et plus mince traverse toute la charge pour frapper la pastille fulminante placée à l'arrière d'un sabot ; ce sabot, en carton pressé et roulé, porte une balle de forme ovoïde, du calibre de 13^{mm},5 dans sa plus grande partie, et du poids de 31 grammes.

Le calibre de l'arme étant de 15^{mm},43 et les rayures très-profondes (0^{mm},8), le mouvement de rotation est imprimé au projectile par le sabot, qui, étant d'un diamètre plus considérable que le fusil (16^{mm},2), prend naturellement la rayure. Le poids total de la cartouche était de 41 grammes.

Le fantassin prussien portait 60 cartouches, dont 20 dans chacune de ses deux gibernes et 20 dans le sac, qui contenait en outre 36 enveloppes en papier et 30 sabots en carton. La cartouche prussienne, grossière mais très-simple, pouvait être fabriquée facilement par chaque soldat.

Il y avait dans l'armée prussienne plusieurs modèles de fusils et de carabines à aiguille. Mais toutes ces armes, qui ne différaient que par des détails dans le mécanisme, tiraient la même cartouche. Elles étaient lourdes, pesant en moyenne 5 kilogrammes sans baïonnette et 5^{k},250 avec baïonnette. Les hausses des fusils étaient graduées jusqu'à 800 pas (600 mètres) au moyen de 4 lignes de mires fixes variant de 200 en 200 pas, c'est-à-dire 150, 300, 450 et 600 mètres. Celles des carabines avaient deux lignes de mire de plus pour les distances de 900 et 1000 pas, soit 675 et 750 mètres.

La trajectoire de ces armes était fort médiocrement tendue, à cause du peu de vitesse initiale du projectile.

Des expériences faites, en 1867, en France, fixèrent à 257 mètres la vitesse initiale, et à 9^{m},94 la flèche pour une portée de 600 mètres. Les ouvrages allemands (De Ploennies, *Fusil à aiguille*, et Schott, *Description du matériel d'artillerie prussien*) fixent, au contraire, à 8 mètres seulement, la flèche de cette portée, mais n'indiquent pas la vitesse initiale.

On peut, sans erreur sensible, en prenant une moyenne, fixer cette flèche à 9 mètres, d'autant plus que de nouvelles expériences faites en 1870, à Châlons, avant la guerre, avec une charge de 4^{g},50 de poudre B, donnèrent 288 mètres comme vitesse initiale du fusil à aiguille prussien.

Cette trajectoire se rapprochait beaucoup de celle du fusil fran çais rayé de gros calibre, dont la flèche était de 5m,14 pour la même portée. De même que le fusil français, le fusil prussien présentait de fortes zones sans feux entre les zones dangereuses des quatre lignes de mire fixes.

La justesse des armes prussiennes était assez bonne. L'écart absolu moyen par rapport au point moyen est de 0m,27 à 200 mètres, de 0m,49 à 400 mètres et de 0m,92 à 600 mètres. (Lieutenant-colonel Cardevielle, *l'Armement et le tir de l'infanterie.*) La manœuvre de la charge exigeait 5 temps distincts. On pouvait tirer, en se pressant, de 7 à 8 coups par minute, vitesse de tir bien supérieure à celle des armes autrichiennes, qui ne dépassait guère 3 coups en deux minutes.

L'instruction sur le tir avait été fort soignée en Prusse. Les fantassins de la ligne brûlaient par an 100 cartouches au feu individuel et les chasseurs le double.

On avait surtout exercé l'infanterie prussienne aux feux d'ensemble, et, par une pratique journalière, mis les hommes en garde contre les dangers de la rapidité du tir. Des règles pratiques étaient données dans les régiments prussiens pour bien indiquer les distances où, en campagne, le tir cessait de devenir efficace.

Nous avons fait la description des armes à feu autrichiennes. Les Bavarois avaient le même calibre (13mm,9) et les Saxons des armes rayées de gros calibre. La tension des armes autrichiennes et bavaroises était plus grande que celle des armes prussiennes (6 mètres de flèche pour 600 mètres). Mais si le fusil bavarois et la carabine tyrolienne avaient plus de justesse que les armes à aiguille, en revanche, le fusil rayé autrichien, qui formait l'armement de toute l'infanterie de ligne autrichienne, avait une justesse médiocre à 400 mètres, et presque nulle aux grandes distances de 600 et de 800 mètres. Il résulte, en effet, des expériences de la commission de tir hollandaise faites à La Haye, en 1862, qu'à 700 pas (460 mètres) le rayon du cercle contenant la meilleure moitié des coups était de 2m,19 pour le fusil de ligne autrichien, tandis que celui du fusil bavarois n'était que de 0m,57; celui des armes prussiennes, à cette distance, était de 0m,63.

Opérations des armées belligérantes en Bohême.

Nous n'examinerons que la lutte entre les deux armées de Bohême. Nous laissons de côté les opérations secondaires contre les contingents de la Confédération.

Les deux armées austro-saxonne et prussienne avaient la même force, à quelques milliers d'hommes près (278,000 Prussiens et 271,000 Austro-Saxons). Sur 808 pièces, les Prussiens n'en avaient, comme nous l'avons dit, que 492 rayées à opposer aux 852 pièces autrichiennes. Toutes les actions de guerre de cette campagne furent gagnées par l'infanterie prussienne. Il suffit de se reporter aux relations des deux états-majors belligérants. Dans toutes, sans aucune exception, l'artillerie prussienne se trouva numériquement très-inférieure à l'artillerie autrichienne. Cependant elle soutint la lutte, cherchant à attirer sur elle les feux de l'artillerie autrichienne pour les détourner de son infanterie et préparer ses attaques. Elle souffrit beaucoup, mais sa ténacité rendit de grands services à son infanterie. Ainsi, à Sadowa, les 24 pièces divisionnaires de la division Fransecki luttèrent contre 56 pièces autrichiennes, et, à Nachod, 12 pièces prussiennes tinrent contre une artillerie bien supérieure, tout le temps que l'avant-garde combattit seule.

En résumé, cette artillerie se montra un auxiliaire très-utile pour son infanterie.

Quant à l'artillerie autrichienne, comme toutes les batailles livrées par son armée étaient défensives, elle était postée généralement dans des positions très fortes au point de vue tactique, souvent couverte par des épaulements : quelquefois les distances de tir étaient soigneusement repérées. Cependant, dans aucun cas le feu de cette artillerie, dont la position de tir était bonne, ne put arrêter l'infanterie prussienne, notamment à Skalitz et à Problus.

Cette dernière opération surtout est fort remarquable.

La 14e division, formée sur deux lignes, soit déployée, soit par colonnes de compagnie, parcourut une distance de 1600 pas (1100 mètres) sous le feu concentrique de 16 pièces d'artillerie, dont 8 la prenant en face et 8 en flanc.

Le premier principe de Napoléon Ier, cité plus haut, « qu'une bonne « infanterie, si brave qu'elle soit, ne peut marcher impunément 500 à « 600 toises (1100 à 1200 mètres) contre une artillerie bien servie, » ne se vérifie pas dans cette action. Son deuxième, « prétendre courir « sur les pièces, les enlever à l'arme blanche, ou faire tuer les ca- « nonniers par les tirailleurs, sont des idées chimériques, » s'est trouvé complètement démenti pendant toute cette campagne. Nous rechercherons plus loin les causes de cette contradiction flagrante entre les axiomes du maître et les faits accomplis.

Tactique des tirailleurs prussiens contre l'artillerie autrichienne.

Aux combats de Munchengraetz, de Hulnewasser, de Sohr, de Skalitz, de Gitschin, à la bataille de Sadowa, les tirailleurs prussiens firent taire le feu de l'artillerie autrichienne et s'emparèrent d'un grand nombre de pièces. Nous ne citerons qu'un seul exemple pendant la bataille de Sadowa.

« Le peloton de tirailleurs de la 6e compagnie se portant en avant, tomba sur l'aile droite de la réserve d'artillerie autrichienne. La 7e batterie de 8 du 7e régiment l'accueillit en tirant à mitraille; mais les tirailleurs s'élancèrent en avant en poussant des hurrahs, culbutèrent l'escorte d'infanterie et enlevèrent toutes les pièces de la batterie; ils lui avaient tué 27 hommes, 41 chevaux. On prit encore une pièce de 4 qui était restée sur place.

« Sur la droite, les deux pelotons de tirailleurs de la 5e compagnie rencontrèrent également la ligne d'artillerie. La batterie qu'ils rencontrèrent était probablement la 8e batterie de 8; elle tira sur eux à mitraille. Là encore, les carabiniers s'élancèrent en avant, dépassèrent en courant 2 pièces restées sur le terrain, pénétrèrent dans la batterie malgré la résistance des servants, qui les défendirent à coups de fusil. » (De Moltke, *Campagne de* 1866.)

Sur les 143 bouches à feu prises sur le champ de bataille même, 108 le furent par l'infanterie et presque toutes par des tirailleurs. Leur procédé était invariablement le même : ils s'embusquaient à bonne portée, abattaient à coups de fusil attelages et servants, et tombaient ensuite dessus à la baïonnette.

Mode de combattre des deux infanteries dans la campagne de Bohême.

Dès les premiers engagements, la force morale étant passée aux Prussiens, l'infanterie autrichienne ne put tenir tête. En vain essaya-t-elle plusieurs fois de prendre l'offensive et d'attaquer à la baïonnette, renouvelant contre les Prussiens la tactique de l'infanterie française en Italie, jamais elle ne put y réussir et fut chaque fois refoulée.

Les pertes éprouvées par les Autrichiens dans tous les engagements furent bien plus grandes que celles des Prussiens. A Sadowa, pour 9,000 Prussiens environ hors de combat, il y eut 19,000 Autrichiens : plus du double. Dans les autres combats, la proportion est plus forte, notamment à Sohr, où les Prussiens accusent une perte de 700 hommes tués, blessés ou disparus, et les Autrichiens près de 3,000. Une disproportion aussi grande provient de la différence d'armement; mais ce n'est pas dans le grand nombre de coups tirés par les Prussiens, c'est-à-dire dans le tir rapide, qu'il faut en chercher la cause. D'après le colonel d'artillerie Stoffel, attaché militaire à la cour de Prusse, de 1866 à 1870, le nombre des munitions consommées a été faible, puisqu'il se réduit à 7 cartouches en moyenne par homme pour les troupes qui ont combattu. Interrogeant lui-même des prisonniers et des blessés autrichiens, ainsi que des soldats prussiens, cet auteur porte le jugement suivant sur la tactique et l'emploi des feux de l'infanterie prussienne :

« Il serait erroné de croire que si l'infanterie autrichienne n'a jamais réussi à aborder l'infanterie prussienne, c'est grâce à la rapidité du tir de cette dernière : c'est bien plutôt grâce à la fermeté et au sang-froid qu'a donnés aux troupes prussiennes la conviction d'être inabordables, armées, comme elles l'étaient, d'un fusil qui, après un premier coup tiré, permet, par un chargement rapide, d'en tirer un second au besoin, puis un troisième. C'est ce sang-froid et cette fermeté, nés de la confiance qu'on s'était attaché à développer pendant quinze ans, qui ont permis à l'infanterie prussienne, composée de soldats sans expérience de la guerre, de donner des feux tranquilles et sûrs, à l'égal des troupes les plus aguerries.

« Les Prussiens distinguent les feux d'ensemble, qu'ils appellent salves (feux de peloton, de compagnie ou de bataillon), et les feux à volonté, qu'ils nomment feu rapide. C'est par les feux d'ensemble qu'ils ont été redoutables. On ne cite pas un seul combat où les Autrichiens aient pu les aborder à la baïonnette, malgré les recommandations faites à ce sujet par le général Benedeck dans une de ses proclamations. La première décharge prussienne arrêtait net l'attaque des Autrichiens qui, le plus souvent, se retirèrent ; puis, grâce aux avantages que présente un fusil qui se charge rapidement, les feux à volonté achevaient la déroute. On conçoit de quel effet durent être ces derniers sur des troupes débandées et déjà décimées par les feux d'ensemble. Ainsi s'expliquent les pertes énormes des Autrichiens dans les combats de cette guerre. » (STOFFEL, *Rapports militaires*.)

L'action de la cavalerie sur le champ de bataille fut nulle dans cette guerre. Celle des Autrichiens fut repoussée avec de grandes pertes par l'infanterie prussienne, qui bien souvent ne se forma même pas en carré et reçut l'attaque déployée.

Opérations en Italie.

La lutte de 1866 entre l'Autriche et l'Italie ne nous présente pas de faits aussi saillants.

Les Italiens avaient une bonne artillerie rayée, composée de pièces de 4 et de 8, à peu près de la même valeur que l'artillerie autrichienne.

L'armement de l'infanterie italienne était inférieur à celui de l'infanterie autrichienne, et se composait des anciens fusils de 17mm,5 rayés, tirant, avec la charge de 4 gr. 50, un projectile de 36 gr., à évidement quadrangulaire, qu'on venait d'adopter en France sous la désignation de *balle modèle* 1864. Ce projectile avait plus de justesse que le précédent à évidement triangulaire, mais une tension de trajectoire encore plus faible.

A la bataille de Custozza, l'armée italienne mit en ligne 90,000 fantassins, 5,430 cavaliers et 234 pièces de canon. L'armée de l'archiduc Albert ne put lui opposer que 70,800 fantassins, 3,700 cavaliers et 176 canons. Le village de Custozza fut emporté, après plusieurs assauts infructueux, par 2 brigades d'infanterie autrichienne.

Les Italiens, vaincus, perdirent 3,500 tués ou blessés et 4,200 prisonniers et 14 canons. Les Autrichiens, vainqueurs, perdirent 6,500 hommes et 1,500 prisonniers.

Après l'expérience de la campagne de Bohême, toutes les puissances européennes adoptèrent le chargement par la culasse.

XXXIII

Adoption par la France du fusil modèle 1866.

La France ne fut pas la dernière à s'engager dans cette voie. Après quelques expériences sommaires sur un petit nombre de systèmes, elle adopta, en 1866, le fusil Chassepot, dont le mécanisme dérivait du fusil à aiguille prussien.

L'obturation s'obtenait par une rondelle en caoutchouc. L'aiguille, plus forte et plus massive, ne traversait pas toute la charge, mais frappait une capsule située à la base de la cartouche. Nous ne décrirons pas davantage cette arme suffisamment connue. Ce n'est pas le lieu de faire ici le procès de ses défauts et de ses qualités. Elle est jugée maintenant.

Ce fusil était très-supérieur au fusil prussien pour la tension de trajectoire, la justesse et la rapidité de chargement, qui exigeait un temps de moins que le premier, et permettait de tirer 10 coups par minute en se pressant beaucoup. Le projectile, de 24gr,50 pour un calibre de 11 millimètres, lancé par une charge de 5gr,25 de poudre vive, avait une vitesse initiale de 409 mètres. Mais la cartouche étant trop libre dans son logement et donnant beaucoup de ratés au premier coup, on para à cet inconvénient en portant la charge à 5gr,50, ce qui augmenta sensiblement la tension de la trajectoire, et porta à 420 mètres la vitesse initiale. Pour une portée de 600 mètres, la flèche n'était que de 5 mètres, tandis que nous avons vu que l'on ne peut estimer à moins de 9 mètres celle des armes prussiennes pour la même portée.

En outre, en deçà de 500 mètres, le tir de l'arme française fut réglé par 3 lignes de mire fixes ne laissant pas de zones sans feux entre leurs zones dangereuses. Le tir, après 500 mètres, était réglé par une hausse à curseur graduée jusqu'à 1,200 mètres. Le poids moyen de la cartouche n'étant que de 33 grammes, on put en faire porter au soldat 90, représentant un poids de 3 kilogrammes.

L'instruction du tir fut un peu remise en honneur dans l'armée française par la création des capitaines instructeurs de tir, et le nombre de cartouches allouées aux feux individuels fut légèrement augmenté (72 au lieu de 60).

La justesse du fusil modèle 1866, bonne jusqu'à 500 mètres et assez bonne jusqu'à 1,000 mètres, était très-supérieure à celle de l'ancien fusil rayé.

Mais on n'introduisit pas dans l'armée française, d'une manière sérieuse, l'étude de l'appréciation des distances et des feux à commandement.

On mit bien un peu dans les règlements que les feux calmes et exécutés posément valaient infiniment mieux que les feux rapides, surtout aux grandes distances. Mais on ne l'inculqua pas d'une façon sérieuse dans l'esprit de l'infanterie française, depuis le colonel jusqu'au simple soldat de 2e classe. Il en résulta forcément que l'augmentation de justesse de l'arme au tir à la cible devint un leurre magique qui devait donner à nos soldats une confiance trompeuse dans le tir en campagne aux grandes distances.

Ils savaient, en outre, et on eut soin de le leur répéter sur tous les tons au commencement de la guerre, que les fusils prussiens, à part ceux des corps spéciaux, n'étaient gradués que jusqu'à 600 mètres environ. De tous ces faits, il devait en résulter fatalement dans l'infanterie française l'abus du tir à volonté et des feux aux grandes distances de 800, 1,000 et 1,200 mètres.

XXXIV

Examen de l'artillerie française.

L'artillerie française était très-inférieure comme nombre et matériel à l'artillerie allemande. Le canon de 4, qui avait jeté un si vif éclat en face du vieux canon lisse autrichien, était insuffisant, avec sa hausse maximum de 3,200 mètres, devant le canon de 4 prussien, dont la hausse était graduée jusqu'à 4,500 mètres, et dont la trajectoire était plus tendue à toutes les distances, à cause de sa vitesse initiale supérieure et de son moindre calibre.

Le canon-obusier français de 12 avait été rayé au même système que la pièce de 4 et avait la même portée. Cette pièce servait d'artillerie de réserve.

Elle était inférieure au 6 prussien sous le rapport de la portée et de la tension de trajectoire. Elle était plus lourde, et ses projectiles pesaient près du double.

XXXV

Examen comparatif des artilleries française et prussienne.

La pièce de 4 française, quoique moins légère que la pièce de 4 prussienne, avait cependant une mobilité suffisante. En face des fusées percutantes des obus ordinaires prussiens, les artilleurs français n'opposaient, au début de la guerre, que des fusées fusantes à deux durées d'éclatement. Pour le canon de 4, la première distance donnait l'éclatement de 1,400 à 1,600 mètres, et la deuxième, de 2,750 à 2,950 mètres; pour le 12, de 1,350 à 1,550 mètres, et de 2,650 à 2,850 mètres.

Les obus à balles prussiens avaient une fusée compliquée à concussion et à temps permettant, par un mécanisme ingénieux, de régler la combustion de la fusée à un huitième de seconde près, c'est-à-dire à des distances d'éclatement variables de 100 mètres en moyenne. Les obus à balles français ne pouvaient éclater qu'à 500, 800, 1,000 et 1,200 mètres. Nous n'avions comme fusée percutante qu'une fusée assez imparfaite, qui ne devait servir que dans le cas d'un tir plongeant ou pour déloger un ennemi embusqué derrière des murs.

Il n'y avait que 4 de ces fusées par coffre à munitions de la pièce de 12, et 6 dans les coffres de la pièce de 4. Pour se servir de ces quelques fusées percutantes, il fallait enlever d'abord la fusée fusante d'un projectile pour lui substituer la fusée percutante, opération presque impossible sous le feu de l'ennemi.

La justesse des canons prussiens était beaucoup plus grande que celle des canons français.

Dans le tableau suivant nous en donnons la comparaison :

DISTANCES.	4 FRANÇAIS. Vitesse initiale : 325 mètres.		4 PRUSSIEN. Vitesse initiale : 369 mètres.		12 FRANÇAIS. Vitesse initiale : 307 mètres.		6 PRUSSIEN. Vitesse initiale : 331 mètres.	
	Écarts moyens en direction.	Écarts moyens en portée.	Écarts moyens en direction.	Écarts moyens en portée.	Écarts moyens en direction.	Écarts moyens en portée.	H	K
1200m	1m,40	2m,00	0m,86	1m,20	4m,60	2m,30	Nous n'avons pu nous procurer les écarts de cette pièce, mais ils sont moindres que ceux de la pièce de 4 prussienne. A 2000 mètres, la moitié des coups est contenue dans un rectangle de 3m,14 sur 2m,51.	
2000	3m,00	5m,60	»	»	1m,80	3m,00		
2500	4m,60	8m,70	»	»	3m,86	7m,20		
3000	6m,40	13m,60	2m,99	4m,52	5m,60	44m,90		

Pour les pièces françaises, nous avons consulté l'*Aide-mémoire portatif de campagne*. Pour les pièces de 4 et de 6 prussiennes, nous avons pris les renseignements dans l'ouvrage prussien de Schott, déjà cité.

XXXVI

Mitrailleuse française.

Pour renforcer l'artillerie française on inventa les mitrailleuses, dont l'idée venait d'Amérique. Ces mitrailleuses, dont on a tant parlé, étaient un assemblage de 25 canons du calibre de 13 à 14 millimètres environ, lançant chacun un projectile en plomb. Le tir de ces 25 canons formait une sorte de gerbe bien plus efficace que les boîtes à mitraille ordinaires. La mitrailleuse ayant le poids de la pièce de 4, exigeait autant d'attelage; son recul était nul, les 25 canons, par suite d'une disposition particulière, s'enflammant les uns après les autres dans plusieurs secondes de temps, à la volonté du servant.

Ces mitrailleuses étaient graduées jusqu'à 3,000 mètres, mais leur tir efficace ne dépassait pas 2,500 mètres.

On fit beaucoup de bruit dès l'apparition de cet engin, et les journaux parisiens soi-disant bien informés racontaient qu'elles *fauchaient les Prussiens comme des épis*.

Cette arme, bonne contre l'infanterie seulement, ne donnait autre chose que des feux de peloton fort justes aux distances où le fusil était inefficace. Il est certain que dans quelques cas particuliers, tels que la défense d'un défilé, d'un pont, d'une brèche, la mitrailleuse avait des avantages particuliers. Mais comme elle n'avait aucun effet sur les obstacles matériels (maisons, murailles, barricades), elle ne valait pas un bon canon à projectile percutant.

Toutes les fois que les mitrailleuses firent quelque mal à l'infanterie prussienne, elles furent promptement démontées et réduites au silence par l'artillerie ennemie. Elles ne rendirent de réels services que dans la deuxième période de la guerre, à Paris et sur la Loire, pour soutenir la retraite. Les Prussiens, qui en ont éprouvé l'effet sur leur infanterie, les rejettent absolument en principe. L'Autriche et l'Angleterre ne les ont adoptées que sous la pression de l'opinion publique.

Pendant que la France s'était préparée à la guerre, la Prusse n'avait pas perdu de temps. Pendant la guerre de 1866, la façon dont l'artillerie prussienne avait été dirigée au point de vue de sa liaison tactique avec les autres armes avait donné lieu à diverses critiques fort acerbes. De 1866 à 1870, les généraux prussiens portèrent tous leurs soins à l'instruction de leur artillerie, surtout au point de vue de son tir pratique en campagne. Il suffit de lire les rapports du colonel Stoffel en date du 16 février 1868, du 22 juillet 1868, du 25 octobre 1869, du 5 juillet 1870. Le rapport du 25 octobre 1869 est particulièrement intéressant sur le mode de tir dans les polygones prussiens.

Au lieu de s'exercer, comme en France, à des distances connues et soigneusement mesurées d'avance, les capitaines d'artillerie prussiens devaient tirer à des distances inconnues, faisant eux-mêmes l'appréciation des distances.

Dès que la cible était atteinte, la batterie était déplacée. On l'envoyait tirer sur d'autres cibles et toujours à des distances inconnues, mettant ainsi, autant que possible, l'instruction du polygone dans les conditions ordinaires du combat.

En même temps la Prusse cherchait à modifier son fusil à aiguille : elle n'en eut pas le temps. Mais de 60 elle avait porté à 80 le nombre de cartouches transportées par le fantassin, et à 168 son approvisionnement total en campagne.

Nous ne parlerons pas de l'artillerie saxonne et de l'artillerie bavaroise qui, quoique inférieures à l'artillerie prussienne, valaient mieux que la nôtre comme matériel.

Pour armer leur infanterie, ces deux puissances avaient transformé leurs anciennes armes se chargeant par la bouche. Les chasseurs bavarois avaient seuls le fusil Werder à cartouche métallique, dont la trajectoire était un peu plus tendue que celle de notre fusil et la vitesse de tir plus grande (12 à 13 coups par minute).

XXXVII

Guerre franco-prussienne.

Nous étudierons d'une façon très-détaillée les principales batailles et combats de cette guerre. Puisque l'on attribue le succès des Prussiens presque uniquement à leur artillerie, nous chercherons à démontrer précisément tout le contraire, et, tout en faisant une large concession aux effets de l'artillerie prussienne, nous étudierons surtout la part prise dans la lutte par chacune des deux infanteries.

Organisation de l'armée allemande.

D'après l'ouvrage publié par l'état-major prussien, l'Allemagne mit contre nous sur pied, comme armée de campagne, états-majors et officiers non compris, 385,000 fantassins, 48,000 cavaliers et 42,000 artilleurs, soit un total de 475,000 hommes et 1,284 canons, c'est-à-dire 3 canons par 1,000 hommes environ. Cette masse était divisée en 3 armées, comprenant, la 1re, 3 corps d'armée; la 2e, 8 corps, dont la garde; la 3e, 5 corps d'armée.

Les chiffres donnés par l'ouvrage allemand sont plutôt au-dessous qu'au-dessus de la vérité.

Chaque corps d'armée comptait en moyenne 14 batteries, soit 84 pièces.

Ces batteries, au lieu d'être à la queue des divisions comme en 1866, marchaient, au contraire, en grande partie à la tête. L'artillerie de réserve marchait également en tête; de sorte qu'en thèse générale, en engageant une seule division du corps d'armée, on pouvait la soutenir de suite avec 10 batteries du corps (60 pièces).

C'était renouveler le mode d'emploi de l'artillerie en grandes masses de Napoléon et agir conformément à ses principes. « La « plus grande partie de l'artillerie doit être avec les divisions d'in- « fanterie et de cavalerie; la plus petite partie doit être en réserve. » (NAPOLÉON, *Mémoires.*)

Organisation de l'armée française au début de la guerre.

L'armée française, au début des hostilités, comprenait 7 corps d'armée, plus la garde. De ces corps, le 7e, en voie de formation, était à Belfort. Les 6 premiers corps comptaient, tantôt 4, tantôt 3 divisions d'infanterie et 1 division de cavalerie. Chaque division d'infanterie était formée de 2 brigades, et la division de cavalerie de 2 ou 3 brigades. Mais les régiments qui formaient les brigades avaient un effectif très-faible (1,800 hommes au maximum, au lieu de 2,400 qu'ils auraient dû avoir); chacun de leurs bataillons ne dépassait pas 600 hommes. L'effectif total comprenait 335 bataillons, 257 escadrons et 157 batteries, ce qui faisait en tout 201,000 hommes d'infanterie, 25,000 cavaliers et 942 bouches à feu. Si l'on retire le 7e corps, qui ne fut engagé qu'à Sedan, soit 38 bataillons (23,000 fantassins), 22 escadrons (2,200 cavaliers) et 90 canons, il reste 178,000 fantassins, 23,000 cavaliers et 872 bouches à feu qui eurent à supporter l'effort d'une armée bien plus nombreuse (385,000 fantassins, 48,000 cavaliers, 42,000 artilleurs, 1,284 canons).

Les chiffres que nous donnons pour l'armée française sont plutôt trop forts que trop faibles; car, en supposant les bataillons à 600 hommes, nous admettons la compagnie de ligne à 100 hommes, et peu atteignaient ce chiffre. Nous ne les donnons pas comme rigoureusement exacts, notre état-major n'ayant encore rien publié sur la guerre. Nous avons donc été forcé de prendre ces renseignements dans les meilleurs ouvrages français et étrangers qui ont paru actuellement.

Par le fait, chaque corps d'armée français, plus faible numériquement que le corps prussien, avait plus d'artillerie que lui (15 batteries, 90 pièces). Mais, de ces 15 batteries, chaque division en avait seulement 3, y compris celle de mitrailleuses. Il restait en réserve, dans le corps d'armée à 3 divisions, 36 pièces, et, dans le corps d'armée à 4 divisions, 48 pièces. Le reste de l'artillerie non compris dans les corps formait une réserve générale d'armée.

Cette organisation tactique de l'artillerie nous donne la clef de l'impuissance de l'artillerie française. Aux causes d'infériorité provenant d'une justesse bien moindre, d'un tir moins tendu, d'un obus qui, éclatant tantôt bien en avant, tantôt bien en arrière de l'ennemi, ne faisait guère plus d'effet qu'un boulet plein, puisque sa fusée fusante n'avait que deux distances d'éclatement, venait se joindre une infériorité numérique écrasante. Dès le début de l'action, que pouvait-elle faire? Se dévouer noblement pour détourner de son infanterie les feux de l'ennemi jusqu'à ce que ses derniers servants fussent fauchés, que ses pièces fussent démontées. Quand arrivait l'artillerie de réserve du corps d'armée, placée à la queue des colonnes, il était trop tard : seule à son tour, elle subissait le sort de sa devancière.

La réserve spéciale d'armée fut rarement engagée; elle ne combattit jamais complétement. Elle ne trouva pas son jour comme à Magenta et à Solférino.

Nous n'avons pas dans cette étude à examiner les causes stratégiques qui disséminèrent la petite armée française sur toute la frontière. Les documents officiels français manquant, nous le répétons, nous avons dû avoir recours à divers ouvrages français et étrangers, dont nous citerons des extraits au fur et à mesure des besoins de notre étude.

Combat de Wissembourg.

Le 1er corps d'armée français était cantonné dans la basse Alsace, en arrière de la Lauter. La division Douay était postée en corps avancé sur les hauteurs du Geissberg, au sud de Wissembourg, occupé par 2 bataillons. Elle avait avec elle 1 brigade de cavalerie.

La division française ne comptait pas plus de 9,000 hommes, 12 canons et 6 mitrailleuses. Elle fut surprise, le 5 août, par la tête de colonne de l'armée du Prince royal, qui engagea près de 40,000 hommes et une très-nombreuse artillerie. L'infanterie française, vieille troupe d'Afrique, soutint la lutte en désespérée pendant trois heures, en prenant souvent l'offensive. Dans une charge à la baïonnette, le régiment de turcos arriva jusque sur une batterie prussienne. Nous perdîmes un millier d'hommes, tués ou blessés, 1,000 prisonniers et 1 canon; mais les Allemands eurent autant d'hommes hors de combat que nous.

Combat de Reischoffen.

Le maréchal Mac-Mahon concentra à Reischoffen les débris de la division Douay, le reste du 1er corps, et, comptant sur l'arrivée du 5e corps (de Failly), attendit l'armée allemande. Il reçut, le matin de la bataille, la 1re division du 7e corps ; 2 brigades de cavalerie et 1 division de grosse cavalerie étaient en arrière de ses lignes. Forcée de livrer une bataille défensive, l'armée française lutta une grande partie de la journée contre des forces bien supérieures. A nos 40,000 hommes et 90 canons, les Allemands opposèrent au moins 80,000 hommes, qui avaient encore en réserve 60,000 hommes derrière eux et 250 pièces. La bataille fut perdue quand l'infanterie des 11e et 5e corps allemands se fut emparée du village de Frœschwiller. Nos pertes furent considérables (4.000 hommes) ; mais la victoire coûta très-cher aux Allemands (8,000 hommes). Pour protéger la retraite de l'infanterie, les 2e et 6e lanciers, les 8e et 9e cuirassiers attaquèrent avec impétuosité l'infanterie et l'artillerie prussiennes. Ces héroïques régiments furent hachés. Deux charges furent arrêtées par une fusillade intense et n'arrivèrent pas jusqu'aux lignes prussiennes.

Combat de Forbach.

Le même jour, à Forbach, le corps d'armée du général Frossard, battant en retraite sur Saint-Avold, est attaqué par plusieurs divisions prussiennes. Nous livrons encore une bataille défensive.

Les pertes furent égales des deux côtés et assez grandes (4,000 hommes environ). Les Prussiens engagèrent réellement, quoi qu'ils en disent, plus d'hommes que nous. Ils mirent, en outre, en ligne une artillerie bien plus nombreuse; mais ils ne remportèrent le succès que lorsque leur infanterie se fut emparée des hauteurs de Spicheren.

Après ces trois combats, la force morale était passée du côté des Allemands. Le 1er corps français, réduit à 15,000 hommes par ses pertes, et le 5e corps, qui s'était promené entre les deux batailles, arrivant trop tard pour secourir le 1er corps, furent dirigés sur le camp de Châlons, où ils durent se reformer. Les 2e, 3e, 4e corps français, une partie du 6e et la garde (150,000 hommes) se replièrent sur le camp retranché de Metz. Ils y furent suivis par 350,000 Allemands (1re et 2e armées). Après quelques jours de repos, le maréchal Bazaine voulut quitter Metz pour se diriger sur Verdun, le 14 août. Son mouvement de retraite fut arrêté par les avant-postes allemands.

Combat de Borny.

Le combat eut lieu à Borny, près du fort de Queuleu. Les forces prussiennes augmentant rapidement, elles arrêtèrent le mouvement de retraite de l'armée française, au prix de grandes pertes dues au tir de l'infanterie française.

« Les premières troupes engagées furent obligées d'accepter le « combat dans une position désavantageuse. Il fut cependant tout à « notre avantage. Les Prussiens éprouvèrent des pertes relative- « ment considérables. Il était évident, d'après ce premier résultat, « que l'infanterie française était supérieure à l'infanterie allemande « par la valeur et la rapidité de destruction. » (CAPDEVIELLE, *Armement et tir de l'infanterie.*)

Nous perdîmes environ 3,500 hommes, et les Prussiens 5,000.

Le 15, le maréchal Bazaine reprit la marche sur Verdun par la route de Metz à Gravelotte ; le 16, l'armée allemande l'attaque encore à Rezonville.

Bataille de Rezonville.

La bataille fut sanglante et indécise. L'infanterie allemande s'empara du village de Flavignies ; mais elle fut repoussée dans son attaque sur Doncourt. Chaque parti avait engagé à peu près 80,000 hommes. Les Prussiens avaient 17,000 tués ou blessés, et les Français 15,000, c'est-à-dire le cinquième des troupes engagées.

« Des deux côtés, les troupes furent admirables, et jamais, dans « les péripéties de la lutte, il ne se produisit de désordre annonçant « le découragement ; les pertes furent également considérables, les « trophées enlevés à peu près nuls. » (*Opérations militaires autour de Metz*, par un officier général prussien.)

La bataille de Rezonville était gagnée stratégiquement par les Prussiens, puisqu'ils avaient arrêté la marche de l'armée française. Le 17 fut employé par le maréchal Bazaine à faire évacuer les blessés et à compléter les munitions.

Il occupa à Gravelotte une position excessivement forte, une série de plateaux dont le front fut couvert par des terrassements pour l'artillerie et des tranchées-abris ; les fermes, les villages furent mis en état de défense. La gauche était couverte en arrière par les forts de Saint-Quentin et de Plappeville ; la droite occupait la route de retraite sur Briey et Longuion.

Bataille de Gravelotte.

Sur un développement de 3 lieues, l'armée française mettait en ligne 120,000 hommes qui lui restaient et 450 bouches à feu, y compris les mitrailleuses.

L'armée allemande lui opposa 200,000 hommes et 720 canons. L'infanterie française allait donc encore une fois livrer un combat défensif, comptant, par conséquent, beaucoup plus sur la supériorité de son fusil, pour battre l'infanterie prussienne, que sur l'offensive.

« Quelle que fût la force du front de défense, il présentait un « grand inconvénient : derrière la ligne principale s'étendait une « série de hauteurs boisées, quelques-unes à pente très-roide, ce « qui rendait les manœuvres des réserves à peu près impossibles. « Il était, par suite, difficile de diriger des renforts sur le point dé- « terminé pendant la lutte. Chaque fraction ne devait donc compter « que sur elle-même pour se défendre. » (*Opérations autour de Metz.*)

Le plan prussien consistait à déborder la droite française par une grande conversion, pour menacer de couper la ligne de retraite et rejeter les Français dans Metz. Quant au véritable plan du général français, on l'ignore encore. Le village de Saint-Privat-la-Montagne était l'objectif de cette attaque. Sa prise devait amener pour les Prussiens le gain de la bataille.

La lutte ne fut engagée que vers midi. De nombreux assauts furent tentés sans succès sur les positions françaises. A 6 heures, l'armée allemande était épuisée, à l'exception du 12e corps d'armée, qui opérait hors de portée de canon son mouvement tournant sur la droite française.

A 5 heures, l'attaque de Saint-Privat par la garde prussienne était repoussée avec des pertes énormes, provenant principalement du feu de l'infanterie française. Une offensive vigoureuse de la garde française, en réserve au fort de Plappeville, aurait donné une belle victoire à la France.

Le 12e corps allemand, dès 5 heures et demie, put faire agir toute son artillerie sur Saint-Privat; mais il n'attaqua ce village qu'à 8 heures seulement. Le 6e corps français, n'ayant que 2 batteries pour résister à l'artillerie de trois corps d'armée prussiens (250 pièces), ayant épuisé toutes ses munitions d'infanterie, fut obligé de se replier. A la même heure, le 2e corps d'armée allemand s'emparait des hauteurs dominantes du Point-du-Jour et de Moscou.

La garde française et la réserve d'artillerie arrivèrent de Plappeville trop tard, quand l'aile droite, complétement débordée, était déjà en retraite.

A dater de ce jour, l'armée de Metz était perdue pour la défense de la patrie.

« Six corps d'armée allemands avaient remporté la victoire; mais « aucun trophée, aucune pièce de canon démontée ne resta nulle « part entre leurs mains. Ce fait fait honneur aux vaincus. De plus, « 40,000 tués ou blessés témoignaient de l'acharnement inouï de « cette lutte de 9 heures, dans laquelle le courage des Allemands « n'a triomphé qu'avec peine de la solidité des troupes françaises. » (*Opérations autour de Metz.*)

A ces phrases prussiennes nous n'ajouterons que ces quelques chiffres : 200,000 contre 120,000 hommes, dont tous (la garde) ne se battirent pas; 750 pièces excellentes contre 450 inférieures.

Le même auteur ajoute quelques lignes plus bas, en rendant compte de tous les combats autour de Metz :

« Quoique 80,000 hommes eussent disparu, le résultat obtenu « était très-mince. On peut se faire une idée de l'esprit qui régnait « parmi les troupes, si l'on remarque que les Allemands, les vain- « queurs de ce duel gigantesque, n'avaient pris que 7 pièces de « canon et 6,000 prisonniers non blessés, tous sans exception pris « dans les villages qu'ils venaient de défendre jusqu'à la dernière « extrémité. Ils avaient eux-mêmes perdu 800 prisonniers et 2 piè- « ces de canon. »

Nous ne dirons rien des sorties de l'armée de Metz pour essayer de percer les lignes allemandes.

Opérations de l'armée de Sedan.

Le 1er et le 5e corps, et des fractions du 7e corps, ayant été réunis avec le reste du 7e venu de Belfort, on leur adjoignit le 12e corps, de formation récente. Les pertes en artillerie des 1er, 5e et 7e corps furent comblées avec l'artillerie du 6e corps, qui était restée au camp de Châlons. Cette armée, qui montait environ à 110,000 hommes et 300 bouches à feu, avait un plan tout naturellement tracé : la défense de la vallée de la Marne. En cas de revers, elle pouvait se replier sur le camp retranché de Paris. Pour des motifs qui ne sont pas encore suffisamment éclaircis, elle fut envoyée pour débloquer Bazaine.

Les armées allemandes autour de Metz ayant reçu des renforts de la landwehr, le roi Guillaume forma une 4e armée, composée de 3 corps, y compris la garde prussienne, qui reçut mission d'opérer conjointement avec la 3e armée.

Combat de Beaumont.

L'armée française se dirigeant vers Montmédy, le 30 août, le 5e corps est surpris en plein jour à Beaumont.

Ayant à peine le temps de prendre les armes, ne pouvant atteler son artillerie, dont les chevaux furent presque tous tués au début de la lutte, l'infanterie du 5e corps, après un court, mais rude combat, est rejetée sur la Meuse, perdant presque tous ses canons.

Combat de Douzy.

Le 31, après un engagement d'artillerie à Douzy entre le 12e corps et le 1er corps bavarois, le village de Bazeilles, occupé par trois bataillons bavarois, dont deux de chasseurs, est repris par la 2e brigade d'infanterie de marine (général Martin des Pallières). Le 2e régiment d'infanterie de marine enlève à 4 heures le village au pas de charge, après une courte fusillade, le 3e régiment restant en réserve. L'attaque fut si impétueuse que, malgré la rapidité du tir des Bavarois, nos pertes, relativement minimes, ne furent que d'une cinquantaine d'hommes hors de combat, et, parmi eux, le général de brigade Martin des Pallières, qui marchait en tête de l'attaque.

Le village de Bazeilles fut occupé par six compagnies d'infanterie de marine, placées en grand'garde.

Le pont du chemin de fer, que l'on devait faire sauter par ordre du commandant du 12e corps, resta intact, le génie n'ayant point pris à temps ses dispositions. La 1re brigade d'infanterie de marine (général Reboul) était en réserve, en arrière du village.

Bataille de Sedan.

Le 1er septembre, au matin, l'armée française était rangée en demi-cercle autour de Sedan, sur la rive droite de la Meuse.

Par suite de la défaite du 5e corps à Beaumont, il ne restait réellement à mettre en ligne que 90,000 hommes et 250 canons.

Cette armée avait devant elle les deux armées du prince de Saxe et du prince royal de Prusse. Sa position sur la rive droite de la Meuse, en forme de triangle autour des remparts de Sedan, était détestable. Elle obligeait l'armée française à recevoir la bataille sur place et à se laisser envelopper tactiquement, c'est-à-dire à permettre à la nombreuse artillerie allemande, postée sur des hauteurs qui environnent la ville, un tir convergent.

Le feu des pièces placées sur les remparts était, en outre, annulé.

La tactique prussienne était simple. Profitant de leur grande supériorité numérique, les deux princes devaient contenir sur son front l'armée française par les feux de formidables batteries élevées dans la nuit du 31 sur la berge de la rive gauche, pendant que, passant la Meuse sur ses flancs, ils la tourneraient, la couperaient de la route de Mézières et l'acculeraient dans la petite ville de Sedan.

L'action s'engage à 4 heures et demie du matin par l'attaque du village de Bazeilles, que les Bavarois essayent de surprendre. Reçus par une vive fusillade, presque à bout portant, des compagnies de grand'garde, et repoussés une première fois, ils reviennent à la charge. Mais des renforts avaient été envoyés aux Français par la 1re brigade. La lutte, dans ce village, devint très-vive. Le 1er corps d'armée bavarois et une division du 2e corps s'acharnent à l'attaque de Bazeilles, défendu seulement par la 1re brigade d'infanterie de marine et une faible partie de la 2e. Le général Reboul, à pied, au milieu de la grande rue du village, anime les troupes par son exemple. Tout l'effort de l'ennemi se brise contre la ténacité de nos soldats, qui combattent avec une batterie de mitrailleuses seulement, sans une seule pièce de canon, l'artillerie de la division d'infanterie de marine ayant dû, par ordre du commandant en chef, être envoyée le matin au 5e corps.

A 10 heures du matin, l'infanterie de marine obtenait des succès et faisait reculer les Bavarois, qui avaient subi des pertes énormes, rien que par la fusillade engagée à courte distance.

Le général de division de Vassoigne avait encore presque toute la 2e brigade en réserve disponible sous sa main.

Si nous nous étendons un peu longuement sur cette lutte de Bazeilles, c'est que, témoin oculaire, nous donnons *de visu* nos impressions.

Le maréchal Mac-Mahon ayant été blessé, le général Ducrot prit le commandement. Prévoyant le plan des Prussiens, il voulut se dégager et sortir l'armée française de l'impasse où elle se trouvait acculée. Il donna l'ordre de battre en retraite, en échelons, par la droite, le 12e corps devant commencer le mouvement.

« Je vous ferai remarquer, lui dit le général Lebrun, que nous avons l'avantage; les Bavarois reculent, nos soldats vont bien, ce serait dommage de ne pas en profiter. » (Général Ducrot, *la Journée de Sedan.*)

La division de Vassoigne abandonna alors à regret Bazeilles, jonché de cadavres ennemis, et se porta en arrière; deux ou trois compagnies, postées dans les maisons, ne purent être prévenues à temps. Ces quelques soldats, entourés par des masses énormes, se battirent jusqu'à 4 heures du soir et ne se rendirent qu'après avoir épuisé toutes leurs munitions.

Le mouvement général de retraite de l'armée française s'opérait dans de bonnes conditions, lorsque le général Wimpffen réclama le commandement et fit reprendre le mouvement en avant.

Mais, pendant ce temps, le mouvement tournant des Prussiens s'accentuait. Un épouvantable feu d'artillerie (200 pièces) battait les positions du 7e et du 1er corps. Vers 1 heure, le 11e et le 5e corps allemands et la garde commençaient à nous déborder. La cavalerie française de réserve se dévoue pour arrêter les Prussiens.

« Ces braves cavaliers, officiers et généraux en tête, s'élancent en avant de toute la vitesse de leurs chevaux. Malgré une pluie de balles et de mitraille, la première ligne ennemie est sabrée et dispersée. La deuxième ligne est abordée avec la même ardeur, mais ils ne peuvent la briser. Les bataillons prussiens, déployés au centre, formés en carré sur les ailes, les jettent à terre par des feux bien dirigés. Repoussés, les escadrons retournent en arrière, se reforment et se précipitent de nouveau, faisant ainsi une charge continue. Le roi Guillaume, qui, du haut des hauteurs du Frénois assistait à ce spectacle, ne put s'empêcher d'applaudir et de s'écrier : « Oh ! les braves gens! » (Général Ducrot, *la Journée de Sedan*.)

L'artillerie de réserve se sacrifie noblement à son tour. Les batteries de la réserve cherchent à attirer sur elles tous les efforts de l'artillerie ennemie, ce qui permet à l'infanterie et à la cavalerie de tenter un dernier effort.

Le tir convergent de l'artillerie ennemie, beaucoup plus nombreuse, la pulvérise, et, après avoir perdu une grande partie de ses servants, les affûts brisés, un grand nombre de caissons ayant sauté, l'artillerie se retire, abandonnant la plus grande partie de son matériel.

L'infanterie, exposée à ce feu formidable, recevant de tous côtés des projectiles sans pouvoir y répondre, finit par se débander.

« Lorsque la cavalerie est ramenée en désordre pour la troisième fois, les dernières troupes d'infanterie restées encore solides se disloquent. Alors, de la droite à la gauche, les lignes prussiennes s'avancent en poussant leurs hurrahs! dont les éclats se mêlent à ceux de la canonnade et de la mousqueterie. La confusion se met dans nos rangs, et tous en désordre se précipitèrent dans la direction de Sedan, où instinctivement chacune des fractions de l'armée va s'engloutir. » (Général Ducrot.)

Tout était fini. L'aigle prussienne tenait dans ses serres la malheureuse armée française. Sedan, ville de 14,000 âmes, encombrée d'une masse de 60,000 fuyards qui s'entassaient dans les rues, est bombardée jusqu'à l'apparition du drapeau blanc. 80,000 Français, 250 pièces de canon de campagne, Sedan et tout son matériel d'artillerie, durent capituler et se rendre à 250,000 Allemands.

Le soir, vers 4 heures, une poignée d'hommes du 12e et du 1er corps, notamment de l'infanterie de marine et des corps d'Afrique, avaient essayé une sortie à la baïonnette ; mais cette tentative désespérée avait échoué devant le nombre des Allemands.

Ces derniers avaient perdu dans la lutte 13,000 hommes, et les Français 14,000.

La bataille de Sedan semblerait *à priori* donner gain de cause aux partisans d'une nombreuse artillerie. C'est le canon allemand qui, a-t-on dit, a décidé du succès de Sedan.

C'est une grave erreur. Du moment que la garde prussienne eut fait sa jonction avec le 5e corps à Illy, les Français étaient complètement cernés et le sort de la journée irrévocablement fixé.

Ce n'est pas le canon qui a amené ce résultat décisif, mais la manœuvre enveloppante des corps d'armée prussiens. Ce résultat obtenu, rien n'était plus facile à l'artillerie prussienne, postée en toute sécurité sur les hauteurs autour de Sedan, que de foudroyer l'armée française réduite à l'impuissance, pressée dans les bas-fonds ou acculée aux remparts de la ville.

Réorganisation de l'armée française après Sedan.

Après la bataille de Sedan, l'armée allemande marcha sur Paris, qui était presque entièrement sans troupes. Après le coup d'État du 4 septembre, le gouvernement de la Défense nationale fit les plus grands efforts pour défendre la capitale.

Le 13e corps d'armée français (général Vinoy), qui se trouvait à Mézières le jour de la bataille de Sedan, avait pu échapper à la poursuite de l'armée allemande. Il forma le noyau de l'armée de Paris. On lui adjoignit le 14e corps, formé avec les dépôts de la garde et des régiments de ligne. Les dépôts des quatre régiments d'infanterie de marine (3,500 hommes environ), 183 pièces de 16 centimètres, 28 pièces de 19, 2 pièces de 24 centimètres, toutes à longue portée (7 kilomètres), approvisionnées à 400 coups par pièce, 800 matelots et artilleurs de marine pour les servir, furent mis, par le ministère de la marine, à la disposition du gouvernement pour la défense de Paris. L'arrivée des pièces de marine, avec leurs excellents pointeurs, permit de compléter la défense des forts et d'empêcher sûrement l'ennemi d'essayer, dès le début, une attaque de vive force.

Premières opérations militaires autour de Paris.

Toutes ces troupes ne formaient pas plus de 70,000 hommes. On y adjoignit 90 bataillons de mobiles venus des départements, troupes sans instruction, sans cadres et qui n'avaient pas de solidité.

« Malheureusement elles étaient encore un élément bien médiocre de défense, au point de vue de l'instruction première du soldat et surtout du sang-froid. Quant à ses cadres, ils étaient aussi d'une grande insuffisance : beaucoup de ses officiers avaient à peine reçu un commencement d'éducation militaire et les sous-officiers étaient tout à fait ignorants. » (Général VINOY, *Siége de Paris.*)

Combat de Châtillon.

Les Allemands étant arrivés devant Paris le 18 septembre, le 19, le général Ducrot, avec 3 divisions du 14e corps, voulut faire une grande reconnaissance sur les hauteurs de Châtillon.

Il eut affaire au 5e corps allemand et à 2 brigades bavaroises. La lutte entre l'infanterie allemande, aguerrie par les combats précédents, et l'infanterie française, composée de jeunes soldats des deux dernières classes levées et des réserves dont l'instruction militaire était fort incomplète, ne pouvait pas être douteuse. Après quelques heures de combat, le 14e corps fut rejeté derrière les forts. Les troupes françaises abandonnèrent la redoute de Châtillon avec 8 pièces de canon, ainsi que celles de Bagneux et du Moulin-de-Pierre.

« Le général en chef put assister, non sans une vive indignation, à la rentrée effarée dans Paris de nombreux fuyards qui, pour la plupart, avaient quitté le champ de bataille sans avoir combattu. » (Général VINOY, *Siége de Paris.*)

Cette panique de Châtillon eut les plus graves effets sur la défense de Paris. Il était impossible, avec des troupes aussi impressionnables, de se livrer à une défense active en faisant des sorties. Le général Trochu fut donc obligé d'adopter une défense passive, qui devait forcément amener la chute de la capitale.

Il abandonna les redoutes extérieures de Meudon, Montretout, de Brimborion, de Gennevilliers, de la Capsulerie et de Ville-d'Avray.

On détruisit le même jour (19) les ponts de Sèvres, de Billancourt, de Saint-Cloud, de Bineau, d'Asnières, de Clichy et de Saint-Ouen.

Le 23, une partie du 13e corps reprit aux Allemands les redoutes des Hautes-Bruyères et du Moulin-Saquet. L'opération fut vigoureusement secondée par le canon des forts de Bicêtre et de Montrouge.

Combat de Chevilly.

Le 30 septembre, une grande reconnaissance offensive fut dirigée par le général Vinoy, avec le 13e corps, sur le plateau de Villejuif.

Après avoir d'abord enlevé le village de Chevilly et repoussé les premières troupes ennemies, l'infanterie française fut à son tour obligée de battre en retraite devant les retours offensifs de l'infanterie allemande. Le village de l'Hay n'avait pu être enlevé aux Prussiens.

« Il (général Vinoy) enjoignit à la brigade Dumoulin de hâter son mouvement sur l'Hay, mais les troupes de ce général, composées de soldats jeunes et peu expérimentés, perdirent un temps précieux à tirailler devant un mur crénelé et bien défendu, et malgré les efforts de leurs officiers, dont un grand nombre furent blessés, elles persistèrent à ne pas avancer. » (Général VINOY, *Siége de Paris.*)

Combat de la Malmaison.

Le 21 octobre, le général Ducrot, avec une partie du 14e corps, fait une sortie du côté de la Malmaison, ayant Versailles pour objectif. 6,400 hommes, divisés en 3 colonnes soutenues par 48 canons, ayant en réserve 4,600 hommes et 46 canons, c'est-à-dire 94 canons pour 11,000 hommes, proportion énorme, furent contenus par la 10e division du 5e corps d'armée allemand et quelques bataillons de la division de landwehr de la garde, ayant à peine la moitié en nombre d'artillerie. Une fois de plus, l'inexpérience de nos jeunes troupes venait en vain se heurter contre un ennemi plus aguerri.

Opérations sur la Loire.

Les plus grands efforts avaient été faits par le pays pour reconstituer une armée. On forma d'abord les 15e et 16e corps d'armée, forts chacun de 3 divisions d'infanterie, d'une division de cavalerie. Le 15e corps avait 17 batteries, soit 102 pièces, et le 16e corps 20, soit 120 pièces, tandis que les corps allemands, de même force, n'en avaient que 84, comme nous l'avons vu. D'autres corps furent créés ensuite, ayant chacun au moins 15 batteries. Ces pièces étaient du 4, du 8 et du 12 rayés français, plus quelques batteries Armstrong de 9.

L'infanterie de l'armée de la Loire était au commencement pleine de bonne volonté et de zèle. Elle était composée en grande partie de mobiles et d'anciens soldats rappelés. On avait pris parmi les anciens soldats ce qu'il y avait de meilleur pour reformer l'artillerie et la cavalerie. L'armement de cette infanterie laissait beaucoup à désirer. On avait enlevé ce qui restait dans les arsenaux de fusils modèle 1866, de fusils modèle 1868, dits à tabatière, et même de fusils rayés à percussion. Mais, comme ces armes n'étaient point suffisantes, il avait fallu acheter en Amérique et en Angleterre toutes les armes disponibles (Remington de divers modèles et divers calibres, Snider, Enfield, Springfield, Sharps et Spencer). Ces armes, généralement médiocres, mises entre les mains de troupes qui n'avaient jamais tiré une balle à la cible, ne pouvaient pas soutenir la lutte contre les fusils à aiguille allemands, maniés par des soldats qui en avaient la pratique aussi bien en guerre qu'au polygone.

Bataille de Coulmiers.

Les débuts de l'armée de la Loire avec le général d'Aurelle de Paladines furent cependant heureux. Le gain du combat de Vallière et de la bataille de Coulmiers fut dû à l'élan de notre infanterie, qui marcha bravement, sans hésiter, sur les positions ennemies.

« La résistance principale était celle de Coulmiers. Le général Barry dut faire appuyer sa 1re brigade par une partie de la 2e. Enfin, vers 3 heures et demie, notre artillerie ayant forcé celle des Allemands à ralentir son feu, le même général lança 4 bataillons sur sa droite pour faire un mouvement tournant, et prononça, avec le reste des troupes, une attaque de front. On fut reçu sur tous les points par une fusillade très-vive et des feux à mitraille; il y eut alors un mouvement d'hésitation que le général Barry fit promptement cesser en se mettant lui-même à pied, à la tête de la principale colonne et en se précipitant sur le village aux cris de : « Vive la France! En avant les mobiles! » Les chefs de corps imitant cet exemples, l'élan de nos troupes devint bientôt irrésistible; l'ennemi dut se replier successivement des jardins et du parc, laissant entre nos mains un assez grand nombre de prisonniers. A 4 heures, Coulmiers était à nous. » (Général CHANZY, *La 2e Armée de la Loire.*)

Orléans, évacué par les Allemands, fut transformé en camp retranché, défendu par des batteries de position armées de 54 pièces de marine de 14 et de 22 centimètres. Mais la chute de Metz rendait disponible la plus grande partie de l'armée du prince Frédéric-Charles.

C'était le moment, pour le général d'Aurelle de Paladines, de réunir dans ce camp retranché les 3 corps d'armée dont il disposait et d'attendre, dans une excellente position défensive, les Allemands. Il pouvait, en outre, renforcer tous les jours son armée, puisque le 21e corps était encore en formation à Conlie et que le 18e, à Nevers, n'était pas prêt à entrer en ligne. C'était là son intention.

Les ordres du gouvernement du 4 septembre forcèrent le général français d'éparpiller ces forces sur une ligne de 80 kilomètres, de Montargis à Orgères, et de marcher en avant malgré lui. Après un combat acharné à Beaune-la-Rolande, il concentra son armée sur la lisière nord de la forêt d'Orléans et à l'ouest d'Orléans. De nouveaux ordres de la délégation de Tours le tirent de nouveau marcher en avant, sous prétexte de donner la main à l'armée de Paris.

Le 1er décembre, le 16e corps est attaqué dans sa marche à Villepion. Le succès de la journée fut décidé par la division Jauréguiberry, dont l'infanterie enleva successivement les villages de Terminiers, Faverolles, Villepion, Nonneville et Chauvreux.

« Le commandant de la 1re division, réunissant les troupes qui lui restaient et se mettant à leur tête, se porta, au pas de course, sur le parc de Villepion, point central de la résistance, qu'emportèrent d'assaut le bataillon du 39e de marche, le 2e bataillon du 33e mobiles et les chasseurs à pied. » (Général CHANZY, *La 2e Armée de la Loire.*)

Le 2, à Loigny, le combat s'engage de nouveau entre le 16e corps et le 1er corps bavarois soutenu par deux divisions. Malgré les plus grands efforts pour emporter le château et le parc de Goury, clef de la position ennemie, notre infanterie est obligée de reculer après plusieurs attaques infructueuses. Le général de Sonis, arrivé à 4 heures, après une marche forcée, avec quelques batteries et les troupes qui avaient le mieux marché, attaqua Loigny. « Le général de Sonis, brusquant l'attaque de Loigny, s'était élancé sur ce village avec les zouaves pontificaux et les légions des Côtes-du-Nord; il l'avait emporté et dépassé, lorsqu'il tomba héroïquement, la cuisse brisée par un éclat d'obus. Le colonel Charette gisait à ses côtés grièvement blessé. Leurs troupes étaient décimées, la perte de leurs chefs les força à la retraite. » (Général CHANZY.) Quatre divisions françaises avaient lutté contre des forces supérieures en nombre, retranchées pour la plupart sur des positions préparées à l'avance et disposant de 150 pièces.

Le même jour, une partie du 15e corps, général Martin des Pallières, avait aussi combattu, à Poupry, contre des forces supérieures, et avait contenu l'ennemi.

« Dans cette dernière action, les 2e et 3e divisions du 15e corps avaient battu l'ennemi, mais ce fut une victoire stérile et sans résultats : nous avions devant nous toutes les forces réunies du duc de Mecklembourg, du général de Tann et du prince Frédéric-Charles. » (Général d'Aurelle de Paladines, *La 1re Armée de la Loire.*)

Le 18e et le 20e corps étaient trop éloignés pour appuyer les 15e, 16e et 17e corps en présence de toutes les forces ennemies. Il ne restait plus au général français qu'à battre en retraite.

Deux divisions du 15e corps, suivies par l'ennemi dans leur mouvement de retraite, s'arrêtent à Chevilly. Elles tiennent pendant une partie de la journée contre des forces bien plus nombreuses, grâce à l'appui que leur donnent les batteries de pièces de marine.

« Les pièces de l'artillerie prussienne étaient à chaque instant démontées par nos marins, qui tiraient avec une remarquable précision, et par notre artillerie de réserve; mais ces pièces étaient aussitôt remplacées par d'autres batteries prêtes à entrer en ligne. » (Général d'Aurelle de Paladines.)

Menacées d'être tournées, ces deux divisions furent obligées de reculer. L'élan de l'armée de la Loire était brisé. Cette force morale qui a toujours donné les plus beaux succès aux armées françaises lui manquait à son tour : son infanterie commençait à se débander. « Les soldats encombraient la route; des compagnies entières avec leurs officiers qui, une heure auparavant, disputaient vaillamment et pied à pied le terrain à l'armée prussienne, avaient quitté leurs régiments, s'étaient débandées et fuyaient vers Orléans. Arrivé à Cercottes, le général en chef, aidé de tous les officiers de son état-major, de ses aides de camp, des gendarmes de la prévôté, des cavaliers de son escorte, fit d'impuissants efforts pour ramener les fuyards au sentiment du devoir et de l'honneur. Persuasion et menaces, tout fut employé, mais en vain; le général d'Aurelle se retira le cœur brisé, en voyant ces soldats, après tant de preuves de bravoure, en proie à une de ces terreurs paniques que ne comprendront jamais ceux qui n'ont pas assisté à ce navrant spectacle de la faiblesse humaine. » (Général d'Aurelle de Paladines.)

La 3e division du 15e corps n'avait pas eu le temps de rejoindre le reste du corps et avait été attaquée à Chilleurs par des forces supérieures. Elle avait dû à son tour battre en retraite à travers la forêt d'Orléans, laissant quelques pièces embourbées qui ne purent être ramenées. En vain le général d'Aurelle de Paladines voulut défendre Orléans à l'aide des batteries de marine et des tranchées-abris.

« Le général en chef s'efforçait toujours, mais sans réussir, de rallier les soldats ; il appelait les officiers supérieurs et les engageait à user de leur autorité pour conduire les soldats dans les tranchées. Il en appelait à leurs sentiments d'honneur, à leur patriotisme : un petit nombre seulement répondaient à cet appel, les autres s'éloignaient en disant : *Nos soldats ne tiennent plus.* Le dictateur aurait vu par lui-même, s'il était arrivé à Orléans, les efforts infructueux faits pour ramener au sentiment de l'honneur les soldats un moment égarés par les souffrances, les fatigues, la démoralisation, et qui refusaient d'aller brûler leurs dernières cartouches. Tout espoir était perdu. L'ordre d'évacuer la ville fut donné à 4 heures. » (Général D'AURELLE DE PALADINES.)

L'évacuation fut couverte par les débris des trois divisions du 15ᵉ corps. Les marins, commandés par le capitaine de vaisseau Ribourt, tinrent jusqu'à la dernière heure. Leur feu avait duré toute la journée et avait tenu en respect l'armée prussienne ; ils n'opérèrent leur retraite qu'après en avoir reçu l'ordre, enclouant leurs pièces et noyant les poudres. Pour les détails relatifs à l'évacuation d'Orléans, nous renvoyons le lecteur à l'ouvrage du général des Pallières (*Orléans*), où se trouve un remarquable rapport du commandant L..., de l'infanterie de marine, sur la démoralisation de l'infanterie française.

L'ouvrage du général Chanzy nous montre ensuite l'armée française de la Loire luttant pied à pied, arrêtant un jour l'ennemi, obligée de battre en retraite le lendemain. D'Orléans elle se replie sur Josnes, de Josnes sur Vendôme dans la vallée du Loir, de la vallée du Loir elle bat en retraite sur la Sarthe et enfin s'arrête au Mans. Pendant tous ces combats incessants, l'artillerie s'était toujours dévouée, avait souvent tenu tête à l'artillerie ennemie avec avantage et fait éprouver des pertes sérieuses aux Prussiens.

« Le caractère des combats est toujours le même et leur valeur tactique est fort peu de chose. Les Allemands ont le dessus grâce à la structure plus solide de leurs corps de troupe. Les légions françaises, tout improvisées qu'elles soient, vont bravement au feu, mais elles reconnaissent bientôt que toute leur bravoure ne peut rien contre la direction plus ferme et la cohésion de leurs adversaires, et elles lâchent pied ; les réserves qui s'avancent ont bientôt le même sort. Les généraux français, quelque habiles qu'ils fussent, ne pouvaient pas être avec chacun de leurs bataillons, et lorsqu'ils avaient été témoins, dans l'espace de quelques heures, de quelques-unes de ces débandades, ils ordonnaient la retraite et employaient toutes leurs forces à la faire exécuter dans le meilleur ordre possible.

D'un autre côté, les Allemands avaient des raisons pour reconnaître la bravoure de ces troupes françaises improvisées, et notamment les effets de leur artillerie. » (RESTOW, *Guerre des frontières du Rhin.*)

L'infanterie se démoralisait de plus en plus, et chaque jour voyait augmenter le nombre des fuyards qui se dirigeaient sur le Mans. Le général Chanzy avait été obligé de former des régiments entiers de gendarmerie pour arrêter ces fuyards.

« Il est consolant toutefois de pouvoir dire que si de pareils exemples ont été donnés trop fréquemment dans cette dernière partie de la retraite, les gens de cœur qui restaient dans le rang, et c'était le plus grand nombre, cachaient à l'ennemi, par l'ordre dans lequel ils marchaient et leur vigueur à le repousser, ces défaillances, qui ne s'expliquent que par la jeunesse et l'inexpérience du métier militaire de ceux qui s'y laissèrent aller. » (Général CHANZY.)

Le 11 janvier s'engage la bataille du Mans. Cette ville, centre stratégique des plus importants, était défendue par les 3 corps français de l'armée de Chanzy (16e, 17e, 21e) et une division de mobiles du 19e corps. Elle fut attaquée par 4 corps d'armée allemands.

Les forces numériques en artillerie et infanterie étaient à peu près égales. Les ordres les plus sévères avaient été donnés par le général Chanzy : « Les fuyards seront ramenés sur les positions et maintenus sur la première ligne de tirailleurs. Ils seront fusillés s'ils cherchent à fuir. »

La bataille dura deux jours. L'artillerie française, bien postée sur les hauteurs, derrière des épaulements, fit beaucoup de mal aux Allemands. Le premier jour, l'armée française, grâce à elle, conserva ses positions ; mais la plus importante, celle de la Tuilerie, défendue par la mauvaise division des mobilisés de Bretagne, fut enlevée par les Allemands.

« Nous coucherions sur toutes nos positions sans une panique des mobilisés de Bretagne du général Lalande qui, cédant sans résister à un retour offensif tenté à la tombée de la nuit par l'ennemi, ont abandonné la position importante de la Tuilerie. » (Dépêche du général Chanzy au Ministre de la guerre.)

Le 2e jour, il fallut battre en retraite pour sauver le matériel d'artillerie, car l'infanterie française n'était plus en état de combattre. Les Allemands, épuisés par les efforts de la lutte, ne poursuivirent pas heureusement l'armée française. Ils ne prirent que quelques caissons et des traînards. Les pertes, des deux côtés, étaient peu considérables et se montaient à environ 3,000 hommes.

Le camp de Conlie dut être abandonné. Les mobilisés qui étaient restés au camp de Conlie pillèrent les vivres et se sauvèrent en Bretagne, abandonnant armes et munitions.

Opérations dans l'Est.

Après la prise d'Orléans, l'armée de la Loire avait été scindée en deux. Nous avons étudié les opérations de la 2e armée commandée par le général Chanzy. La 1re, composée de 3 corps d'armée (15e, 18e et 20e), eut pour commandant en chef le général Bourbaki. On adjoignit plus tard à cette armée le 24e corps. Les mêmes tacticiens qui avaient forcé le général d'Aurelle de Paladines à sortir d'Orléans, conçurent le plan d'envoyer dans l'Est l'armée de Bourbaki pour débloquer Belfort et, pénétrant en Alsace, se poster sur les derrières de l'ennemi pour lui couper les vivres et les munitions.

Cette contrefaçon du mouvement tournant de Napoléon Ier à Saint-Dizier ne pouvait réussir que par une très-grande célérité. La rigueur de l'hiver, jointe à la médiocre qualité de l'infanterie de cette armée, la rendait impraticable.

Pour aller plus vite, on expédia une partie de l'armée par les voies ferrées. Mais le manque de grandes gares de débarquement rendit ce mode de transport très-fatigant et plus long que la marche par étapes ordinaires.

Le général Werder eut le temps de rallier en une seule masse toutes les troupes prussiennes éparses en Bourgogne, évacua Dijon, qui fut de suite occupé par les garibaldiens, et battit en retraite sur Belfort. Mais, pour se donner le temps de fortifier le terrain en avant de Belfort, il défendit à Villersexel le passage de l'Oignon. L'armée française ne l'atteignit que le 9 janvier seulement.

Combat de Villersexel.

Le combat fut très-acharné. Les troupes prussiennes que le général Werder avait chargées de soutenir sa retraite, se défendirent avec ténacité. Le soir, l'infanterie française n'avait pu s'emparer que d'une partie de la ville : le château et le parc étaient encore au pouvoir de l'ennemi. Ils furent enlevés au milieu de la nuit par une brigade de la division Penhoat.

« Le 1er bataillon du 92e pénétra, par la grille de l'ouest, dans le parc, que l'ennemi occupait en force, et refoula à la baïonnette tout ce qui se trouvait devant lui jusqu'aux portes du château, dont il s'empara sans tirer un seul coup de fusil. » (Amiral PENHOAT, *Marches et combats de la 2e division du 18e corps.*)

Les pertes étaient considérables des deux côtés. L'armée française perdit 4 jours pour se ravitailler. Ce temps fut habilement mis à profit par l'armée prussienne, qui s'établit dans une position très-favorable en avant de Belfort, sur les hauteurs entre Héricourt et Montbéliard, qui dominent la rive gauche de la Lizaine. Elle s'y retrancha soigneusement et fit même venir de Belfort des pièces de gros calibre (12 et 24 de siége).

L'armée française l'attaqua le 15, le 16 et le 17 janvier. Le 16, le 18e corps essaya de tourner par leur droite les lignes prussiennes aux points les plus rapprochés de Belfort, par Chennebier et Prahier. Le village de Chennebier fut emporté par la division Penhoat et une partie de la division Cremer. Dans la nuit du 17, à 4 heures du matin, les Prussiens, suivant leur tactique habituelle, firent un retour offensif sur le village, mais ils furent repoussés après un combat assez long. Le village de Chennebier resta entre les mains du 18e corps.

La droite de l'armée française fut moins heureuse. Elle avait franchi la Lizaine en plusieurs points, mais elle n'avait pu se maintenir sur la rive gauche et avait dû repasser la rivière avec de grandes pertes. L'attaque de Montbéliard avait été infructueuse. Cependant la route de Prahier à Belfort restait à la gauche française, qui avait énergiquement repoussé l'offensive des Prussiens. Mais le général Manteuffel s'avançait à grands pas pour couper l'armée française, dont le ravitaillement devenait alors impossible.

« Pousser en avant était une de ces entreprises hardies que l'on n'exécute qu'avec des troupes éprouvées et une confiance inébranlable dans soi-même et dans les autres. Le général en chef ordonna la retraite. » (Amiral PENHOAT.)

Les pertes françaises, pendant ces trois jours de lutte, étaient de 4,000 hommes ; celles des Allemands n'étaient au plus que de la moitié, par suite de la force de leurs positions.

Pendant que l'armée française de l'Est battait en retraite, les Prussiens, avec une brigade, amusaient à Dijon le vieux Garibaldi, et lui fournissaient l'occasion d'une facile victoire. Mais ils s'emparaient des gares de Dôle, de Mouchard, coupant ainsi totalement les communications du général Bourbaki.

Nous passerons sous silence les causes politiques qui ne firent pas comprendre l'armée de l'Est dans l'armistice du 28 janvier. Ignorant cette clause, cette armée laissa les Prussiens lui couper la route de Lyon et fut obligée de se jeter en Suisse.

Son infanterie était complétement démoralisée et lâchait pied presque sans combattre, notamment les régiments de mobiles. La brigade de réserve Pallu, composée d'un régiment d'infanterie de marine et de deux régiments de ligne, soutint bravement la retraite au col de la Cluze, au sortir de Pontarlier. Pour laisser à l'artillerie française le temps d'entrer en Suisse, elle livra un combat fort rude aux Prussiens et les arrêta. En même temps, l'ennemi était contenu sur la droite du défilé par la 2e division du 18e corps, et, sur la route, par la division de cavalerie et la 1re division de ce même corps. Cette résistance énergique arrêta l'attaque des Prussiens, qui laissèrent nos arrière-gardes pénétrer tranquillement en Suisse.

« Telle fut la fin de cette campagne entreprise au milieu d'un hiver rigoureux, avec des troupes mal vêtues, mal nourries et n'ayant, pour la plupart, aucune instruction militaire. » (Amiral PENHOAT.)

Ce jugement de l'amiral sur l'armée de l'Est nous dispense de tout commentaire.

Opérations de l'armée du Nord.

L'histoire de l'armée du Nord offre les mêmes enseignements que celle des armées de Paris et de la Loire. Elle fut formée avec quelques dépôts de la ligne et des chasseurs, d'un peu d'infanterie de marine et de marins fusiliers, et principalement de mobiles.

A la bataille d'Amiens, le 22ᵉ corps français combattit contre deux corps allemands, 1ᵉʳ et 8ᵉ. La bataille fut perdue par la faute des mobiles.

« De ce côté, l'infanterie de marine, le 2ᵉ bataillon de chasseurs et la compagnie du génie repoussèrent l'ennemi à grande distance ; mais, à la droite de Villers-Bretonneux, la garde mobile finit par céder, en entraînant les troupes de ligne qui combattaient avec elle. » (Général FAIDHERBE.)

Le général Faidherbe prit le commandement de cette armée, qui fut portée à quatre divisions. Trois étaient mixtes, comme à l'armée de la Loire, et comprenaient moitié troupes régulières et moitié mobiles. La quatrième division était composée seulement de gardes nationaux mobilisés. Le tout représentait 40,000 hommes, appuyés par 78 pièces de canon.

Bataille de Pont-Noyelles.

Cette armée rencontra à Pont-Noyelles (23 décembre) le général Manteuffel, ayant à peu près le même nombre d'hommes et de canons. La bataille fut indécise ; nos jeunes troupes s'emparèrent des positions ennemies ; mais une attaque de nuit des Prussiens reprit les positions de la gauche. Après avoir couché la nuit sur le champ de bataille, la petite armée française se retira en bon ordre. Elle avait perdu un millier d'hommes environ.

Combat d'Achiet-le-Grand.

Le 2 janvier, l'armée du Nord rencontra encore l'ennemi à Achiet-le-Grand, dont elle s'empara, et à Bihagnies, qu'elle ne put enlever, mais qui fut évacué la nuit par les Prussiens.

Bataille de Bapaume.

Le lendemain 3, l'armée française attaqua de nouveau. Son centre emporta les villages de Biefvillers et d'Avesnes; l'aile droite et l'aile gauche ne se laissèrent point tourner par les forces ennemies.

Les troupes françaises couchèrent encore sur les positions enlevées aux Prussiens; mais, le lendemain 4, elles revinrent en arrière. « Le général en chef, prenant en considération la fatigue des troupes et le froid extrêmement rigoureux, résolut de reprendre ses cantonnements à quelques kilomètres en arrière. » (Général Faidherbe.)

Les pertes étaient égales des deux côtés : 1,300 hommes environ hors de combat. La capitulation de Péronne obligea l'armée du Nord de se porter sur Saint-Quentin. Après un premier combat, le 18 janvier, à Vermand, le 19 elle fut obligée de livrer la bataille de Saint-Quentin. Le 22e corps français fut attaqué par trois divisions prussiennes. Après avoir résisté une partie de la journée, débordé, il se replia en bon ordre sur la ville. Le 23e corps avait été attaqué par deux divisions prussiennes. La lutte se maintint jusqu'au soir. L'arrivée d'une nouvelle division prussienne obligea le 23e corps à se rabattre à son tour sur Saint-Quentin.

La retraite fut ordonnée. L'armée du Nord avait perdu 3,000 hommes environ et l'ennemi au moins autant. Elle ramenait ses 15 batteries de campagne; mais les mobilisés du 23e corps s'étant débandés, beaucoup d'entre eux furent pris par la cavalerie prussienne.

L'armée du Nord fut dissoute. Le 23e corps étant désorganisé, ses débris renforcèrent les garnisons des places fortes. Le 22e corps fut embarqué à Dunkerque pour être dirigé sur Cherbourg.

Suite des opérations de l'armée de Paris.

Revenons aux opérations autour de Paris.

Les forces françaises avaient été augmentées et divisées en 3 armées : la 1re armée, commandée par le général Clément Thomas, comprenant 266 bataillons de gardes nationaux, nominalement de 140,000 hommes; la 2e armée, commandée par le général Ducrot, à trois corps d'armée, forte en tout de 100,000 hommes; la 3e armée, général Vinoy, à six divisions, d'un total de 70,000 hommes. L'amiral La Roncière Le Noury conservait à Saint-Denis 25,000 hommes. En outre, il y avait 80,000 hommes en réserve pour la défense des forts et des remparts.

De toutes ces forces, la 2e armée pouvait seule agir, car elle était à peu près complète. La 3e armée, formée de six divisions éparses sur tout le périmètre de Paris, n'avait pas une seule batterie d'artillerie de campagne.

Quant à la garde nationale, les généraux ne pouvaient pas compter sur elle d'une manière efficace, comme la suite le démontra malheureusement si bien.

Le 29 novembre, la 2e armée française devait traverser la Marne et attaquer les lignes prussiennes. Comme opération secondaire, le même jour une division de la 3e armée attaqua l'Hay, dont elle s'empara après une résistance vigoureuse, pendant que l'amiral Pothuau avec les marins, l'infanterie de marine et quelques bataillons de garde nationale, enlevait la Gare-aux-Bœufs par une rapide offensive.

Mais le mouvement de la 2e armée n'eut pas lieu par suite de la crue de la Marne, et, en présence des forces prussiennes considérables qui s'avançaient pour reprendre l'Hay, le général Vinoy fit évacuer l'Hay et la Gare-aux-Bœufs. Le 30 novembre, la 2e armée passa la Marne, entre Nogent et Joinville, sur huit ponts.

Les corps d'armée Blanchard et Renault et la division Susbielle, d'une force totale de 60,000 hommes, attaquèrent Champigny et s'en emparèrent après une résistance fort grande de la part des Allemands.

Leur attaque avait été fortement appuyée à l'aile droite par la division Pothuau, qui s'empara de la Gare-aux-Bœufs et ne s'arrêta devant Choisy que sur les ordres du commandant de la 3e armée. A la faveur de cette diversion, la division Susbielle put s'emparer de Montmesly.

La journée du 1er décembre fut employée par l'armée française à s'établir dans la presqu'île de Champigny.

Le 2 décembre, elle fut attaquée avec furie par deux corps d'armée allemands disposant d'une nombreuse artillerie. La lutte fut indécise. Les deux armées couchèrent le soir sur leurs positions. Mais le 3, au matin, le général Trochu fit repasser la Marne, car l'infanterie avait trop souffert.

Les deux armées avaient éprouvé de fortes pertes (6,000 Français et autant d'Allemands). L'artillerie des forts de Noisy, Nogent et du plateau d'Avron, aida puissamment la 2e armée dans sa résistance.

L'occupation du plateau d'Avron était le seul gage qui restât entre nos mains de cette sanglante lutte. Le 21, une nouvelle sortie eut lieu sur le nord et l'ouest. Au nord, l'amiral La Roncière attaque Stains, Dugny et le Bourget. Ce dernier village fut enlevé par le 3e bataillon de marins à un régiment de la garde prussienne ; mais, n'étant pas soutenus dans leur mouvement en avant et recevant, par une fatale erreur, des obus du fort d'Aubervilliers, ainsi que d'une batterie française établie à Drancy, les marins furent obligés de battre en retraite. Ils eurent 251 hommes hors de combat et 8 officiers, sur 15 officiers et 689 hommes présents au début de l'action. Les troupes de ligne qui avaient opéré avec les marins avaient eu 600 hommes hors de combat.

Une division de la 3e armée (brigades Blaise et Dargentolle) attaquait Ville-Évrard, et la brigade Salmon la Maison-Blanche. Cette opération réussit, malgré la résistance de l'ennemi. Mais le soir, la brigade Salmon, composée en grande partie de troupes de la marine, fut repliée sur le plateau d'Avron ; la brigade Blaise resta campée à Ville-Évrard.

Elle fut attaquée, au commencement de la nuit, par les Saxons. L'attaque échoua ; mais des « Prussiens, restés cachés dans les maisons et dans les caves, en sortent, attaquent nos troupes et produisent une panique regrettable. Une grande partie de nos soldats se débandent, et le général Blaise, qui fait de vains efforts pour les rallier, est blessé mortellement. » (Amiral La Roncière Le Noury, *la Marine au siége de Paris.*)

Le lendemain, il fallut évacuer Neuilly-sur-Marne et Ville-Évrard.

L'attaque du général Ducrot, entre Pont-Iblon et le Blanc-Ménil, n'avait pu réussir. Il avait été fait dans ces engagements un premier essai des bataillons de la garde nationale mobilisée de Paris. Ces troupes, qui ne devaient pas être engagées sérieusement, d'après les ordres du général Trochu, formaient une réserve qui ne donna pas.

Cet essai ne réussit pas. « L'alerte de la nuit avait jeté, à une assez grande distance du lieu où elle se passait, une panique véritable parmi les bataillons mobilisés de la garde nationale qui se trouvaient en réserve dans les villages de Fontenay-sous-Bois, Neuilly, Plaisance et Rosny. Bien qu'ils fussent séparés de l'ennemi par le village de Neuilly-sur-Marne, protégés par les bataillons de gendarmes et couverts par le plateau d'Avron, un grand nombre de gardes nationaux prirent peur à la seule appréhension du danger ; le 200e bataillon s'enfuit même jusqu'à Montmartre. D'autres bataillons montrèrent les mêmes symptômes de découragement et d'épouvante, et une partie des hommes qui les composaient se dispersèrent de tous les côtés. » (Général Vinoy, *Siége de Paris.*)

Un pareil début était peu rassurant. Les mêmes circonstances qui avaient paralysé l'armée française après la bataille de Champigny se reproduisirent. Les troupes françaises, obligées, par un froid terrible et sans tentes, de bivouaquer sur la terre, souffrirent beaucoup. La terre était tellement durcie qu'il était impossible de faire les terrassements nécessaires pour mettre les troupes à l'abri, notamment au plateau d'Avron, qui était déboisé. « L'armée ne peut donc agir, et cette immobilité, aggravée encore par la souffrance et les privations, exerça une fâcheuse influence sur le moral des troupes. » (Général Vinoy.)

Le bombardement du plateau d'Avron par une artillerie supérieure en nombre, calibre et position, obligea d'évacuer le plateau après deux jours de bombardement. Les pièces françaises furent ramenées à bras par les marins.

Les Prussiens commencèrent alors, le 30 décembre, le bombardement des forts de l'est, et, le 5 janvier, le bombardement des forts du sud. En même temps qu'ils bombardaient les forts, ils envoyèrent également un grand nombre de projectiles creux sur les quartiers de la rive gauche. Sous l'influence de ce bombardement et sous la pression des clubistes, qui demandaient à grands cris une sortie en masse, le général Trochu se décida à employer sérieusement la garde nationale, qui voulait marcher contre les Prussiens. Plusieurs attaques partielles de nuit, essayées avec le concours de cette même garde nationale, avaient cependant échoué par sa faute.

Bataille de Buzenval.

Le 19 janvier, l'armée de Paris fit un dernier et suprême effort à la bataille de Buzenval. L'armée d'attaque se composait de 85,000 hommes, dont 19 régiments de ligne, 32 bataillons de mobiles et 19 régiments de garde nationale, avec une nombreuse artillerie de campagne. Elle était appuyée par les feux de 4 wagons blindés de la marine, par une batterie du 4e secteur, par les batteries du Mont-Valérien et de la presqu'île de Gennevilliers, servies par des marins.

Cette armée vint se heurter, à Buzenval et sur les hauteurs de Garches, à la 10e division allemande. Elle prit d'abord Montretout et la Bergerie. Mais la 9e division allemande étant venue renforcer la 10e division, les retranchements allemands, garnis d'une nombreuse artillerie, ne purent être forcés par les Français. Ils éprouvèrent une perte de 3,000 hommes environ. Les Allemands n'avaient qu'une perte d'un millier d'hommes seulement.

Nous trouvons dans l'ouvrage du général Vinoy des renseignements fort précieux sur la façon dont s'est comportée à Buzenval la garde nationale.

« La garde nationale, qui pour la première fois était admise à prendre part d'une façon sérieuse à une action militaire qu'elle avait réclamée sur tous les tons et appelée de tous ses vœux, commençait à trouver la journée un peu longue, et surtout périlleuse et meurtrière; déjà des défaillances partielles se produisent dans ses rangs, et des gardes nationaux n'ont pas honte de quitter le lieu du combat pour enlever d'assaut les omnibus destinés au transport des blessés et se faire ramener par eux à Paris! Des officiers de cette même garde abandonnent leurs troupes, et, sous le prétexte de blessures imaginaires, quittent aussi le champ de bataille pour retourner chez eux. Ces coupables exemples de lâcheté sont donnés surtout par des hommes appartenant aux bataillons de Belleville et autres quartiers excentriques et populeux, et qui s'étaient déjà signalés aux avant-postes par les mêmes marques d'indiscipline et de faiblesse. Les bataillons des autres quartiers de Paris ont, au contraire, montré ce jour-là devant l'ennemi une attitude réellement solide, faisant ainsi honneur par leur conduite à leur position sociale, et prouvant surtout que le vrai courage se développe beaucoup plus dans les milieux où règnent l'ordre et la régularité que dans ceux où domine l'habitude du désordre et des excès. »

Cette même garde nationale de Belleville et Ménilmontant, qui fuyait devant les Prussiens, voulut en avril, au nombre de 70,000 hommes, et conduite par des généraux d'occasion, attaquer Versailles.

Arrêtées par quelques brigades seulement, les troupes insurgées, après un court combat, furent mises dans la déroute la plus complète et s'enfuirent, abandonnant une grande partie de leur artillerie et perdant beaucoup de monde.

Les troupes régulières n'eurent pas plus d'une centaine d'hommes tués ou blessés. Pour la façon dont se comporta pendant la guerre civile cette garde nationale, nous renvoyons à l'ouvrage du général Vinoy. Ce n'était certes pas l'artillerie qui manquait aux insurgés, non plus que les artilleurs pour servir les pièces, mais une bonne infanterie.

Les opérations de l'armée régulière, pendant ce deuxième siége de Paris, ne lui coûtèrent pas plus de 8000, hommes hors de combat. (Rapport du maréchal Mac-Mahon.) C'est fort peu, si l'on considère l'immense quantité d'artillerie dont disposaient les insurgés (plus de 1,000 pièces) et la bataille de sept jours dans les rues de Paris, dont les barricades avaient presque toutes des canons et des mitrailleuses. Toutes les barricades furent prises par l'infanterie de l'armée régulière, malgré une résistance furibonde des défenseurs, pour la plupart constamment gorgés d'alcool.

XXXVIII

Tactique de l'infanterie prussienne pendant la campagne de 1870-1871.

En 1866, l'infanterie prussienne, profitant de la supériorité de son tir, s'était fort peu servie de son artillerie.

En 1870-71, nous voyons, au contraire, cette artillerie porter les premiers coups. Placées, comme nous l'avons déjà dit, à la tête des divisions et des corps d'armée, les pièces de 4 prussiennes, très-maniables, aussi légères que les pièces françaises du même calibre, pouvaient se mettre en batterie presque partout.

Elles engageaient l'action avec une supériorité numérique écrasante sur l'artillerie française, qui ne tardait pas à être réduite au silence.

L'artillerie de réserve française avait ensuite son tour, car la pièce de 6 de réserve prussienne entrait en ligne et venait donner à la pièce de 4 son puissant renfort. Dès que les pièces françaises étaient à peu près toutes démontées, l'artillerie prussienne dirigeait alors son feu sur l'infanterie française. Quand la position topographique du terrain empêchait celle-ci de se défiler, il ne lui restait plus d'autre ressource que de se coucher pour perdre le moins de monde possible.

Pendant le duel des deux artilleries, l'infanterie allemande attendait paisiblement; elle avait été soigneusement tenue bien en arrière, et bien rarement quelques obus perdus l'atteignaient. Vers le milieu de la journée, quand les généraux prussiens jugeaient l'infanterie française suffisamment démoralisée par leur artillerie, ils lançaient leurs colonnes. Dès que celles-ci arrivaient dans la sphère des grandes portées du fusil chassepot (1,200 à 1,500 mètres), elles recevaient une véritable grêle de projectiles de l'infanterie française. Les Prussiens éprouvaient bien quelquefois des pertes sérieuses; mais, grâce à leur supériorité numérique, ils revenaient avec ténacité à la charge, et, quand nos soldats avaient rapidement épuisé leurs munitions, ils se trouvaient sans défense à courte et moyenne distance contre un ennemi dont le feu devenait alors d'autant plus efficace.

Lorsque les Prussiens commirent la faute de se présenter en colonnes d'infanterie profondes, leurs pertes furent très-grandes. Nous en donnons pour preuve l'attaque de Saint-Privat par les colonnes de la garde prussienne :

« Le front d'attaque ne comptait guère plus de 2,000 pas (1,500 mètres), de telle sorte que les hommes étaient sur dix rangs : ce fut certainement la formation la plus profonde qu'aient employée les Prussiens dans cette campagne. L'effet du tir ennemi fut si meurtrier à plus de 1,500 pas (1,200 mètres), que, dans les brigades actives, plus de 6,000 hommes tombèrent en dix minutes. Il fallut aussitôt suspendre la marche en avant. » (Prince GUILLAUME DE WURTEMBERG, *Tactique de l'infanterie prussienne.*)

Ce n'est pas, comme on l'a dit souvent à tort, les mitrailleuses qui firent ces ravages. Les troupes du 6e corps, qui défendaient Saint-Privat, n'avaient pas d'artillerie, « un seul canon avec un coup à tirer. » C'est le feu de l'infanterie qui amena seul ce résultat.

Instruits par cette dure expérience, les Prussiens ne se servirent plus que de colonnes de compagnies très-mobiles et couvertes par des essaims de tirailleurs. C'est dans cet ordre que la garde attaqua à Paris le village du Bourget.

« Le Bourget est un long village dont les jardins sont entourés de murs hauts et longs et directs qui se coupent à angles droits, et qui avaient été organisés défensivement au moyen de créneaux et de mouvements de terre. Ces colonnes étaient barricadées. L'attaque fut menée de trois côtés à la fois, qui sont : Blanc-Ménil, Dugny et le milieu de la chaussée. Les deux colonnes de flanc envoyèrent des pelotons de tirailleurs, puis se jetèrent à terre. Derrière suivaient également au pas de course les réserves et soutiens divisés en petits groupes. Lorsque ceux-ci se furent couchés pour reprendre haleine, les tirailleurs se mirent de nouveau à courir, et simultanément appuyèrent vers les côtés extérieurs, à bonne distance de tir; ils se recouchèrent et recommencèrent le feu. Les vides formés par cette marche oblique furent remplis par des lignes de pelotons; les ailes s'allongeaient en même temps par l'arrivée en échelons de compagnies isolées, mais toujours en ordre déployé; de sorte que l'attaque concentrique, qui serait peut-être devenue plus profonde en se rapprochant, resta toujours en mesure de déborder la ligne ennemie. Les détachements dispersés se servaient de chaque abri qui se présentait pour se réunir et se reformer.

« Le mécanisme de l'attaque consistait principalement dans le passage rapide de l'ordre déployé à l'ordre concentré dès que l'abri, même le plus insignifiant, permettait un rassemblement du rang ou de la compagnie du côté où étaient en mouvement, en terrain découvert, des lignes de pelotons à grands intervalles. Celles-ci présentaient alors l'aspect agité d'une fourmilière. » (Prince GUILLAUME DE WURTEMBERG.)

L'infanterie allemande a consommé, dit-on, pendant la guerre, près de 25 millions de cartouches, beaucoup plus proportionnellement qu'en 1866. Elle a fait également bien plus d'usage du feu à volonté, surtout pendant la deuxième période de la guerre. Les rares feux à commandement employés à Metz et à Sedan leur avaient donné de bons résultats. Mais sur la Loire, autour de Paris, dans l'Est, le manque d'officiers expérimentés, par suite des pertes éprouvées, se faisait sentir dans l'armée prussienne. Ils en avaient eu une quantité énorme mise hors de combat. En outre, les renforts envoyés d'Allemagne n'avaient ni la solidité ni l'instruction des troupes du début de la guerre.

Quoi qu'il en soit, conformément aux vrais principes de la tactique, cette infanterie se servit de l'action du feu et de l'action du choc combinées. Elle prit presque partout l'offensive, faisant précéder ses colonnes plus ou moins profondes de nombreux tirailleurs. Mais remarquons que ses succès sur l'infanterie française, au début de la guerre, sont dus à sa grande infériorité numérique. Elle lui permettait, lorsqu'une attaque était repoussée, d'envoyer des troupes fraîches pour en recommencer une deuxième, et ainsi de suite jusqu'à ce que l'infanterie française, ayant presque entièrement brûlé ses munitions et mis ses chassepots hors d'état de tirer par l'encrassement, fatiguée de la lutte et n'ayant pas de renforts à attendre, fût obligée de céder le terrain. Ce n'était qu'au prix de grandes pertes que l'infanterie prussienne parvenait à refouler l'infanterie française. Dans les combats et batailles autour de Metz, les pertes prussiennes sont plus considérables que les pertes françaises, et elles proviennent presque exclusivement du feu de l'infanterie française. Sur 100 blessures, les Prussiens en accusent près de 90 par les balles et armes blanches de l'infanterie, et 10 seulement par les éclats d'obus et balles de mitrailleuses.

Après Sedan, à Paris, sur la Loire et dans l'Est, la proportion change. Les troupes inexpérimentées que nous leur opposons se battent avec bravoure; mais leur armement incohérent, et surtout le peu d'instruction pratique de tir de cette infanterie, ne lui permettent pas de continuer la lutte par le feu avec la supériorité de l'ancienne infanterie, et, à nombre égal, les pertes prussiennes sont moins fortes que les pertes françaises. Du reste, nous l'avons dit en étudiant les campagnes de la Loire, les combats n'avaient pas une grande valeur tactique et se bornaient surtout à un échange de coups de canon à grande distance. Quand l'infanterie allemande s'avançait, si elle n'était pas arrêtée par le feu de l'infanterie française, celle-ci lâchait pied et battait en retraite. C'est ce qui explique que, par exemple, la lutte entre les deux armées depuis Vendôme jusques et y compris le Mans, « pour une période de vingt-quatre jours, ne coûte à l'armée allemande que 3,500 hommes tués ou blessés » (Rüstow), et à l'armée française guère plus de 6,000 hommes. Deux grandes batailles et cinq combats avaient été livrés dans ce laps de temps entre ces deux armées, dont la force totale était au plus bas de 250,000 hommes. En ne tenant pas compte des prisonniers faits par les Prussiens et des déserteurs, il y a donc une perte totale de 10,000 hommes pour 250,000, soit 4 p. 100 de l'effectif général. Nous sommes loin de Gravelotte, où 200,000 Prussiens perdirent 40,000 hommes et les Français 20,000 hommes sur 100,000, soit une perte totale de 60,000 hommes sur 300,000, ou 20 p. 100 de l'effectif général.

XXXIX

Tactique de l'infanterie française pendant la guerre de 1870-1871.

Tactique des armées de Metz et de Sedan.

En étudiant le fusil modèle 1866, nous avons vu l'immense différence qui existait entre cette arme à longue portée et à tir rapide et l'ancien fusil rayé de la ligne. Nous avons constaté la direction vicieuse donnée à l'instruction du tir de cette infanterie, instruction qui ne pouvait que lui donner une opinion complètement erronée sur l'efficacité de son feu aux grandes distances sur le champ de bataille. Il en est résulté que notre infanterie, qui, de temps immémorial, comme nous l'avons prouvé dans cette étude, avait une confiance presque illimitée dans l'action du choc, abandonna la tactique qui lui avait si bien réussi dans la guerre d'Italie. Elle mit toute sa confiance dans son feu pour arrêter l'infanterie prussienne, et, voulant profiter de la portée et de la précision supérieures de son armement, ouvrit le feu à des distances (800 à 1,200 mètres) auxquelles l'infanterie prussienne ne pouvait répondre. Mais, comme elle n'était nullement exercée à l'appréciation des distances et que l'on ne l'avait pas habituée à exécuter des feux à commandement, qui seuls peuvent donner des résultats efficaces à ces grandes distances, il en résulta qu'elle s'est bornée à un feu à volonté, à quelques rares exceptions près. Ce feu à volonté put, dans certains cas, faire beaucoup de mal aux Prussiens, mais ne les empêcha pas d'avancer et causa, en outre, un gaspillage énorme de munitions.

Pour confirmer notre dire, nous citons les témoignages suivants, extraits de documents français et étrangers :

« On ne peut cependant pas nier que le fusil chassepot n'ait dépassé le fusil à aiguille, au désavantage de ce dernier dans ses effets. Cela était remarquable surtout aux grandes distances (jusque vers 1,500 pas), distance à laquelle les Français ouvraient le feu, qui causait aux troupes allemandes des pertes sérieuses avant que celles-ci eussent pu répondre efficacement par le feu du fusil à aiguille, qui n'a qu'une portée efficace de 400 à 500 pas. Evidemment, à une grande distance, il n'y avait pas possibilité de viser spécialement ; mais la masse de projectiles qui traversaient l'air en sifflant augmentait la zone dangereuse et irritait les troupes allemandes, car ces balles venaient d'un ennemi couvert et tellement éloigné qu'on avait de la peine à le reconnaître. Il en résultait que le rôle d'assaillants revenait aux troupes allemandes et que les Français se couvraient dans des positions bien choisies ou, si cela était nécessaire, par des tranchées-abris. Principalement à Wœrth et à Metz, le 16 août, les troupes allemandes étaient obligées de traverser des espaces entièrement découverts sous le feu violent de l'ennemi, sans que, du reste, leurs feux pussent atteindre l'ennemi, la plupart du temps déjà bien abrité ; par suite, le combat commençait au milieu des circonstances les plus défavorables..... Pendant qu'on apprend aux fantassins allemands à ne pas tirer plus loin et plus souvent que l'efficacité probable ne le demande, les officiers français paraissent être d'une opinion contraire, celle de faire ouvrir le feu à des distances telles qu'il ne peut être question que du hasard, et non de l'excellence du tir. Nous ne pouvons pas examiner ici lequel de ces deux principes est le juste : l'économie sévère des munitions ou la prodigalité de la consommation. » (Colonel Borbstœdt, *Guerre franco-allemande*.)

Un deuxième témoignage fort intéressant, qui émane d'un officier de l'armée de Metz (Girard, lieutenant au 91e de ligne, *Le fusil Chassepot*), vient encore bien mieux à l'appui de notre opinion :

« Le feu à volonté est le feu fait par le tirailleur, le défenseur d'un rempart ou le tireur de position ; les feux à commandement sont donc exclusivement réservés aux feux de ligne ; l'instruction sur les combats les prescrivait très-nettement et avec grande force ; et pourtant, à quelques exceptions près, le feu à volonté fut le feu des lignes d'infanterie. Tous, nous en avons vu les déplorables résultats : les hommes livrés à eux-mêmes tirant avec une précipitation fiévreuse, mettant à peine le fusil dans la direction de l'ennemi, faisant tant de bruit pour peu de besogne, échappant ainsi au commandement, consommant maladroitement une grande quantité de munitions alors que l'ennemi est aux grandes distances, et les ayant épuisées ou mis les armes hors de service au moment où l'ennemi se portant en avant, des feux d'ensemble bien ajustés auraient pu produire des résultats si efficaces.

« Quel terrible exemple offrit cette mince ligne d'infanterie qui, s'étendant de Saint-Privat à Roncourt, lutta contre la garde royale de Prusse et le 12e corps (Saxons), ayant été comme le 3e et le 10e corps maltraité l'avant-veille à Rezonville, mais disposant de l'artillerie de ces deux derniers alors que nous n'avions qu'une ou deux batteries n'ayant rien à tirer. (Pour défendre Sainte-Marie-aux-Chênes, on envoya un canon qui avait un coup à tirer). Les tirailleurs seuls avaient ouvert le feu, mais vers trois heures le village de Sainte-Marie-aux-Chênes, en avant du front, fut évacué par les deux bataillons de ligne qui, le défendant depuis le matin, avaient épuisé leurs cartouches et n'étaient pas ravitaillés. Les Prussiens voulurent se porter en avant, l'infanterie française se rapprocha d'eux et ouvrit alors un violent feu à volonté. Une colonne sortant de Sainte-Marie fut littéralement coupée en deux : la queue resta en fuite dans le village, le reste courut se réfugier derrière une forte excavation de terrain; mais un bataillon la prit en flanc, ouvrit le feu sur elle et l'anéantit. Mais les masses ennemies avançaient toujours, le feu continuait toujours. De violent il faiblit rapidement, les rangs s'éclaircissaient, quelques fusils n'allaient plus et les munitions manquèrent. Des caissons arrivèrent, des cartouches furent distribuées, et le feu plus violent que jamais; puis les fusils refusèrent le service. L'ennemi s'enhardissait et recommençait à monter, protégé par de formidables batteries; les Saxons faisaient leur mouvement tournant, arrivaient à Roncourt, prenant ainsi les lignes françaises en arrière et à droite; alors, sous les balles et les obus, cette ligne d'infanterie dut battre en retraite sans pouvoir riposter; et quand, reformée en carré, en arrière de Saint-Privat, à la nuit, les officiers durent se rendre compte des munitions et des fusils pour un dernier effort, les hommes présentèrent les uns leurs cartouchières vides, les autres leurs armes hors de service!

« Si les feux à commandement avaient été exécutés dès le matin à la place de cet inepte feu à volonté, la résistance eût été plus longue; la ligne d'infanterie eût pu défendre le terrain pied à pied, continuer le combat jusqu'à la nuit, c'est-à-dire jusqu'à l'arrivée de la garde et des munitions de l'artillerie. En tout cas elle eût doublé peut-être les pertes de l'ennemi.

« Dès le début de la guerre la supériorité de l'artillerie prussienne éclata comme un coup de foudre, étonna les troupes. Le soldat vit avec stupeur l'artillerie française incapable de répondre à sa rivale et démontée par elle; il vit les Allemands, admirablement disciplinés et commandés, arriver et manœuvrer sur le champ de bataille comme sur le terrain d'exercices, sous la protection efficace de l'artillerie: sa confiance fut ébranlée et le commandement subit probablement la même impression, car les batailles livrées furent presque toujours défensives du côté des Français et leur aptitude à se porter en avant comme brisée. Il ne resta de cette initiative française hardie et autrefois si renommée que l'initiative de l'immobilité pour le commandement, et pour le soldat cette déplorable et si fatale impétuosité qu'il mettait à brûler toutes ses cartouches : manie funeste que le commandement aurait dû et pu empêcher. »

La brochure où nous puisons cette citation est excessivement intéressante et peint bien le caractère des combats autour de Metz.

Oui! Le fusil à longue portée et à tir rapide a été fatal à l'armée française. Nous avons perdu notre ancienne tactique. Nous en avons pris une autre à laquelle nous n'étions pas préparés. Certes, loin de nous la pensée de mettre le feu après le choc. Nous ne sommes pas un disciple de Folard. Mais nous dirons avec le maréchal Bugeaud :

« Le feu ne doit être fait que pour décider une action, et alors il doit être terrible. » Maintenant, comme par le passé, une infanterie qui saura combiner habilement le feu et le choc, se porter en avant avec élan mais avec ordre et sang-froid, et se servir de son feu dans les limites de la bonne portée de son arme, en réservant ses munitions, est sûre de gagner la bataille.

Nous n'avons pas à examiner ici les moyens à employer pour mettre l'infanterie française en état de pouvoir sur le champ de bataille se servir de son feu d'une façon fructueuse. Mais pour nous, quand on a créé le fusil modèle 1866, il fallait partir d'un point de vue radicalement opposé et se dire : L'armée française est peu habituée à se servir de son feu. Elle a la pratique vicieuse de tirer très-vite. Elle n'a pas la coutume des feux à commandement et de l'appréciation des distances. L'armée prussienne a un armement dont la portée varie entre 600 mètres (fusils) et 750 mètres (carabines). Il faut donc limiter à 800 mètres la portée efficace de la nouvelle arme, tendre le plus possible la trajectoire pour diminuer l'incertitude du tir en campagne et alléger la cartouche autant que faire se pourra, pour que le soldat en porte la plus grande quantité possible. Le fusil qu'il a en ce moment a un tir absurde à 600 mètres. En lui donnant une arme plus juste à 800 mètres que celui-là et le fusil prussien, il le considérera comme un grand progrès et aura en lui une grande confiance.

Etaient-ce là les tendances des officiers d'infanterie, dont beaucoup de membres niaient l'utilité de la hausse après le premier but en blanc?

Le Cours de tir ministériel de 1864, rédigé par des officiers d'infanterie, nous donne la réponse à cette question :

« *Tension de la trajectoire. — Son importance dans le tir.* — Le tir dans les limites de la portée de fusil est en définitive le seul simple et le seul certain. Il n'est pas besoin d'insister sur l'énorme avantage d'en augmenter l'étendue. Pour augmenter la portée de fusil sans changer la flèche de la trajectoire, il faut tendre la trajectoire. La tension de la trajectoire des armes de guerre est un problème posé depuis longtemps et que l'on parviendra à résoudre en appliquant une forte charge de poudre à une balle relativement légère et présentant à l'air la plus petite surface possible. »

Pouvait-on y arriver? Dès 1856 (10 ans avant notre fusil), les Suisses avaient adopté le calibre 10mm,5 avec un projectile à refoulement du poids de 16gr,6 tiré à la charge de 4 grammes de poudre, soit le quart du poids du projectile.

Des expériences très-détaillées et très-bien conduites, faites à La Haye, en 1858, par la commission de tir hollandaise, avaient prouvé :

1° Que malgré son faible poids, la précision de tir de ce projectile ne laissait rien à désirer, puisqu'à 1200 pas (800 mètres) le rayon du cercle contenant la meilleure moitié des coups n'était que de 1 mètre, et à 600 mètres de $0^m,58$;

2° Que la pénétration à cette distance était amplement suffisante pour mettre un homme hors de combat, puisque le projectile traversait une épaisseur moyenne de 70^{mm} de sapin, tandis que le projectile prussien n'en traverse que 45 ;

3° Enfin que la trajectoire était fortement tendue. La flèche pour 200 mètres n'est que de $0^m,26$, pour 400 mètres de $1^m,98$ pour 600 mètres de $4^m,23$. Or, nous savons que la flèche pour 600 mètres est de 5 mètres avec le fusil modèle 1866 et de 9 mètres avec le fusil prussien.

Il était, en outre, facile de tendre encore cette trajectoire en augmentant le poids de la charge, le recul n'étant jamais bien fort. Les essais faits en Suisse par la commission fédérale du tir en 1864 (*Rapport sur les essais de tir adressé au département militaire fédéral*) avaient prouvé qu'en portant la charge de 4 grammes à $4^{gr},50$ les zones dangereuses augmentaient de 12 à 15 mètres de 4 à 600 mètres, tandis que la justesse ne diminuait guère : 39 coups sur 40 dans la cible réglementaire avec la charge de 4 grammes, et 36 coups sur 40 avec la charge de $4^{gr},50$. On aurait pu en même temps diminuer le calibre et prendre celui de 10 millimètres au lieu de $10^{mm},5$, la tension et la justesse y auraient encore gagné.

On aurait eu alors une arme plus juste que le fusil prussien, d'une tension de trajectoire bien plus grande et une cartouche d'un poids moyen de 23 à 24 grammes (balle $16^{gr},5$, poudre de $4^{gr},50$ à 5 grammes, enveloppe ; soie et papier $2^{gr},50$). La cartouche adoptée pour le fusil modèle 1866 pesant 33 grammes, il en résultait que 120 cartouches de l'arme proposée n'auraient pas plus pesé que 90 cartouches actuelles.

Comme déduction naturelle de cet armement, le feu à volonté aurait été plus nourri par suite de la plus grande quantité de munitions transportées, et plus efficace, puisqu'il n'aurait eu lieu qu'en deçà de 800 mètres. De 400 à 800 mètres, les Prussiens n'auraient pu répondre à ce feu qu'avec beaucoup de désavantage, par suite de la grande différence de tension des trajectoires et de la disposition défectueuse de leur hausse.

Pourquoi ne l'a-t-on pas fait? Qu'on le demande à la commission qui a adopté le fusil modèle 1866 en trois semaines d'expériences, où il n'avait pour concurrents que deux autres armes : les fusils Manceaux et Favé.

Tactique de l'infanterie des armées de la Loire et de Paris.

Les armées de la Loire, composées de jeunes soldats et d'anciens soldats rappelés, ayant un armement plus que médiocre et peu homogène, ne pouvaient avoir dans leur feu la confiance de la vieille infanterie de Metz. Elles reprirent donc en grande partie l'ancienne tactique de l'élan français en avant. Aussi, à nombre égal, malgré l'artillerie allemande et le fusil à tir rapide, elle obtint d'abord les succès de Coulmiers, de Villepion. Une seule fois l'infanterie de l'armée de Metz avait, elle aussi, adopté franchement une offensive décidée. A l'attaque du château de Ladonchamps, les voltigeurs de la garde marchèrent sans hésiter sur les batteries prussiennes. Celles-ci furent rapidement soutenues par de l'infanterie qui ouvrit sur la nôtre un feu rapide et nourri. La marche en avant de la garde n'en fut pas arrêtée. Elle redoubla d'élan, et les bataillons prussiens, troublés par la contenance ferme de cette troupe qui marchait sur eux sans presque tirer, se mirent en retraite très-rapidement, abandonnant la position. Les pertes françaises furent relativement fort peu considérables. On prête au maréchal Canrobert les mots suivants pendant le blocus de Metz : « Nous n'avons pas su nous servir de notre fusil. »

Nous avons vu de quelle manière rapide se disloqua l'infanterie de l'armée de la Loire dès que l'heure des revers eut sonné. Il en fut de même pour l'armée de l'Est. Quant à l'armée de Paris, ses principaux succès partiels sont dus aux quelques troupes organisées solidement qu'elle possédait (marins fusiliers, infanterie de marine, deux vieux régiments de ligne), car les mobiles étaient médiocres et la garde nationale mobilisée mauvaise, à part de rares exceptions.

Cependant, à partir de la sortie du 2 décembre, l'armée française avait mis en ligne une artillerie perfectionnée valant les pièces prussiennes de 6 et de 4, le 7 se chargeant par la culasse, ayant une portée efficace de 6 kilomètres. Malheureusement, l'artillerie n'est pas tout dans le gain d'une bataille.

XL

Conclusions.

Nous croyons avoir démontré surabondamment, l'histoire des guerres en main, que l'infanterie est réellement la reine des batailles; que, quand elle est bonne, elle peut combattre contre l'artillerie ennemie, qu'elle enlèvera en marchant dessus en ordre mince, et que, quand elle est mauvaise ou médiocre, il lui faut une énorme quantité d'artillerie pour la soutenir. Dans ce cas, si elle perd la bataille contre une infanterie meilleure qu'elle, et elle la perdra bien plus souvent qu'elle ne la gagnera, elle perdra aussi cette grande quantité de canons qui fait sa force. Veut-elle se fortifier et faire un abus des tranchées-abris, rifle-pits et autres retranchements modernes? L'infanterie ennemie, plus alerte et n'ayant à craindre aucun retour offensif, pourra déboucher en nombre supérieur sur tous les points qu'il lui plaira, et finira par percer cette ligne de retranchements continus. On peut nous objecter que la portée et la précision des pièces modernes empêcheront forcément la marche en avant de l'infanterie ennemie. Erreur très-grave. Nous allons le prouver par l'expérience et le raisonnement :

1° Dans la guerre de Bohême, en 1866, le feu de l'artillerie rayée autrichienne, bien postée et supérieure à l'artillerie prussienne, nous l'avons vu, n'empêcha jamais la marche en avant de l'infanterie prussienne, dont les tirailleurs prirent 105 pièces sur le champ de bataille même ;

2° L'infanterie, avec son arme perfectionnée, en face d'une artillerie de campagne ayant un tir efficace à 4 kilomètres, est dans de meilleures conditions d'attaque et de défense que l'ancienne infanterie, avec son fusil lisse à silex, en face de l'artillerie Gribeauval, dont le tir efficace ne dépassait pas 1,200 mètres.

Ce fusil à silex, qui a fait toutes les guerres depuis 1705 jusqu'en 1830, ne pouvait réellement avoir un tir redoutable qu'en deçà de 200 mètres. L'infanterie qui marchait sur l'artillerie, qu'elle fût précédée ou non de tirailleurs, avait donc une distance de 1 kilomètre à parcourir avant de l'atteindre, et, pendant tout ce parcours, recevait les coups sans les rendre. Les quelques tirailleurs qu'elle jetait en avant de son front étaient à 100 mètres à peine de la colonne double d'attaque de 4 divisions sur 3 rangs, qui présentait, par conséquent, une profondeur de 12 hommes non compris les serre-files. De 1200 à 600 mètres le canon lisse envoyait des boulets pleins sphériques et quelques obus. Or, les boulets sphériques tirés à la charge du 1/3 avaient une forte vitesse initiale (480^m). A ces petites distances, par rapport aux portées actuelles, la trajectoire était fortement tendue. L'appréciation des distances était facile à 100 mètres près, et une erreur de 100 ou 200 mètres même n'avait pas grande influence.

En effet, quand le tir était court, le boulet sphérique se relevait légèrement en ricochant et pouvait encore atteindre. Si le coup était long, il touchait les derniers pelotons des colonnes. La justesse de ces pièces était suffisante pour les besoins du combat. Il ne s'agissait pas de toucher, comme au polygone, un blanc d'un petit diamètre. Il suffisait de ne pas manquer en largeur un peloton de 25 mètres ou une division de 50 mètres, ce qui rendait nulles les déviations horizontales et en portée, une colonne ayant au moins 30 mètres de profondeur dans le cas d'un bataillon en colonne serrée par division. Quand un seul bataillon était en colonne par peloton à distance entière, il avait un front moyen de 25 mètres sur une profondeur de 150 mètres. Le but était encore plus facile à atteindre. Lorsque les généraux d'infanterie, comme Macdonald à Wagram, Ney à Waterloo, commettaient la faute de former de monstrueuses colonnes de plusieurs bataillons déployés les uns derrière les autres, à distance de division, presque aucun boulet n'était perdu.

L'artillerie avait encore un autre genre de tir, le tir roulant ou parallèle, qui était très-facile à employer. Voici ce que dit l'*Aide-mémoire* de Gassendi : « Lorsque le terrain est uni, sec et résistant, on obtient, en dirigeant l'axe de la pièce parallèlement au sol, un tir rasant qui devient redoutable. Le projectile en ricochant décrit une série de petites trajectoires. »

Plus loin, il ajoute : « Il est avantageux, en général, lorsque le terrain n'est pas très-accidenté, d'employer un tir rasant, quelle que soit la distance de l'ennemi. Pointer directement, mais un peu bas, jusqu'à 800 mètres, au delà tirer en ricochant sous l'angle de 1 degré. Sur le terrain le plus favorable, les boulets vont ainsi jusqu'à 1600 ou 1700 mètres. »

Le général Piobert, parlant du tir roulant ainsi exécuté, dit : « Les projectiles ne s'élèvent généralement pas plus que la hauteur d'un homme. »

Or, la force de pénétration de ces projectiles sphériques était fort considérable. Toujours d'après le général Piobert, « des boulets de petit calibre (4) ont encore assez de force pour renverser à 600 mètres 20 à 24 hommes et 10 à 12 chevaux. »

On cite même un boulet prussien qui, à Zorndorff, mit 42 grenadiers russes hors de combat. Dans ces conditions, le boulet sphérique abattait les files humaines comme une boule abat les quilles : si le boulet ne suffisait pas pour arrêter l'infanterie, à 500 mètres la boîte à mitraille commençait à faire de l'effet. En tirant bas, on envoyait une gerbe de 40 à 50 petits projectiles en fonte ou en fer forgé qui pouvaient mettre chacun 1 ou 2 hommes hors de combat. Le combat par tirailleurs en grandes bandes pouvait seul permettre à l'infanterie d'aborder l'artillerie. C'est dans cet ordre que les Vendéens et les premiers soldats de la République se jetaient tête baissée sur les canons. Plus tard, dès 1796, les troupes aguerries qui firent les campagnes de Napoléon et de ses principaux lieutenants marchèrent froidement, en ordre mince, sur l'artillerie ennemie. Mais à partir de 1809, quand l'infanterie a beaucoup perdu de sa qualité, on ne peut plus trop la lancer en avant, et il faut faire alors agir l'artillerie en grandes masses pour décider l'action. En 1814 et en 1815, la garde lutte héroïquement, mais, trop faible numériquement, elle ne peut fixer la victoire.

Prenons maintenant l'hypothèse qui pourra se présenter souvent dans les guerres futures, d'une artillerie en position, tirant à portée de 4,000 mètres sur une infanterie. Dès que cette infanterie arrivera dans la sphère de l'action des obus (fusants ou percutants), si elle est formée en colonne de marche, ou elle se déploiera, ou bien, pour la facilité de la marche en avant, elle se scindera en colonnes de combat (colonne prussienne de compagnie ou colonne française de bataillon). La 2e de ces colonnes est plus lourde que la 1re. D'après le règlement actuel, cette colonne, composée de 6 pelotons de 100 hommes, détachera 2 pelotons des ailes en tirailleurs et formera les 4 pelotons qui restent en colonne par division ou en colonne double, présentant au feu de l'artillerie 4 files de combattants et 2 de serre-files. La profondeur de cette petite colonne sera faible (6 mètres) si elle est serrée en masse, ce que ne manquera pas de faire le chef de bataillon dans la majorité des cas. Cette colonne, serrée en masse, d'une largeur moyenne de 60 mètres, offrant, par conséquent, un but assez large, quoique peu profond, les tacticiens d'infanterie chercheront autant que possible à le diminuer encore.

Non-seulement les progrès de l'artillerie, mais surtout les progrès de la mousqueterie obligent à présenter à l'ennemi de petites surfaces très-mobiles pouvant passer avec rapidité de l'ordre déployé en tirailleurs ou en ligne, à l'ordre en colonnes peu profondes. Sans entrer ici dans une discussion tactique qui n'est pas dans notre sujet, nous pouvons dire, cependant, que l'ordre linéaire de Guibert, avec le bataillon comme unité tactique, ne répond plus aux nécessités actuelles du combat. Il faut absolument prendre la compagnie comme unité tactique, tout en conservant le chef de bataillon pour l'unité de commandement. Dans cet ordre d'idées, un bataillon de 6 compagnies, fortes chacune de 150 hommes environ, présenterait au feu, en première ligne, le dispositif suivant :

Une première ligne de tirailleurs de la valeur d'une compagnie, une 2e ligne, de la même force, à une centaine de mètres en arrière, par petits groupes prêts à renforcer la 1re ligne; à 200 mètres plus loin, une réserve formée selon le cas de 1 ou 2 pelotons en bataille; enfin, à 200 ou 300 mètres en dernier, le reste du bataillon, corps de bataille pouvant se porter sur l'ordre du chef de bataillon en avant, soit déployé, soit par colonnes de compagnie à intervalles de déploiement. Mais le corps de bataillon ne présentera au feu de l'ennemi que des surfaces de 30 mètres de largeur sans profondeur ou une petite colonne de 15 mètres de large sur 6 mètres de profondeur. Quand la disposition topographique du terrain l'exigera, il sera très-facile de former les pelotons en colonnes par le flanc, ayant une profondeur de 30 mètres, mais en revanche 3 ou 4 mètres de large seulement. En somme, le corps de bataille sera de 500 ou 600 mètres de son rang avancé de tirailleurs.

Opposons maintenant à l'artillerie moderne ce dispositif d'infanterie très-maniable, pouvant passer partout et profiter pour s'abriter du moindre relief de terrain.

Cette artillerie pourra commencer son tir à obus à 4,000 mètres, si elle veut profiter de tout l'effet utile qu'elle peut produire. Mais la zone dangereuse de la pièce de 4 prussienne à 4,000 mètres n'est que de 5 mètres, de 8 mètres à 3,000 mètres, de 14 mètres à 2,000 mètres. Une erreur sur l'appréciation de la distance de 14 mètres à 2,000 mètres, de 8 mètres à 3,000 mètres, de 5 mètres seulement à 4,000 mètres, fera manquer de plein fouet l'infanterie. Si l'obus est à fusée fusante, réglée à 25 mètres près, ce qui est beaucoup, il éclatera donc en l'air, en avant, ou frappera la terre en arrière sans faire de mal. S'il est à fusée percutante, il pourra bien envoyer quelques éclats, s'il tombe à quelques mètres des fantassins ; mais, à ces grandes distances, le projectile atteint sous une forte inclinaison, et pour peu qu'il tombe dans une terre labourée, molle, ce qui arrive assez souvent, presque tous les éclats restent dans l'entonnoir formé par l'explosion. Mais, me répondront les artilleurs, nous avons des télémètres, des stadiomètres, etc., qui nous permettront de mesurer à quelques mètres près la distance. C'est possible, mais à cela nous répondrons à notre tour que les hausses des canons ne sont qu'une moyenne obtenue l'été ou l'automne avec une pièce type, neuve, et avec des munitions soignées. L'état de conservation des munitions, la saison, la température, le vent surtout, l'usure de la pièce, influent sur la trajectoire et font que la hausse juste pour la distance est rarement la bonne, même au polygone. Ces différences de portée et de hausses peuvent devenir tellement fortes que beaucoup de bons officiers d'artillerie prétendent que le seul moyen pratique, le plus simple et le plus rapide, le plus efficace, puisqu'il tient compte de toutes les causes d'erreur, consiste tout bonnement à tirer plusieurs obus percutants en changeant chaque fois la hausse jusqu'à ce qu'on trouve celle qui est bonne.

Si l'infanterie reste tranquillement à la même place, elle finira par être atteinte, pour peu que l'artillerie pointe juste. Même en se couchant à plat ventre, les lignes d'infanterie perdront du monde, comme ne l'a que trop bien démontré mainte et mainte fois la dernière guerre. Mais si l'infanterie marche tranquillement en avant, en ordre mince, au pas accéléré, en bon ordre, elle perdra peu de monde. En effet, il faut en moyenne une demi-minute pour charger et tirer très-rapidement un coup de canon du 4 de campagne. Dans cet intervalle de temps, l'infanterie marchera 60 pas d'une longueur moyenne de $0^{m},75$, à la cadence de 120 à la minute. Il est prouvé que la longueur du pas donnée par la théorie, $0^{m},65$, ne s'applique qu'aux hommes de très-petite taille, et que la moyenne de la longueur du pas d'un peloton est de $0^m,75$. L'infanterie franchira ainsi $0^m,75 \times 60$, soit 45 mètres. Il faudra donc qu'à chaque coup tiré les artilleurs changent la hausse avec une approximation très-grande avant de pointer, avec des zones dangereuses aussi faibles que celles de leurs projectiles de 4,000 à 2,000 mètres. La marche constante en avant de l'infanterie les empêchera de rectifier le tir par l'éclat de l'obus au point de chute. L'artillerie a bien cherché un système de pointage rapide sur le champ de bataille. En 1870-1871, les Prussiens avaient adopté un procédé, dit *à l'échelle des distances*, qui offrait beaucoup d'analogie avec le tir progressif de nos mitrailleuses. Ils l'ont abandonné récemment pour employer le procédé dit de *la Kurbel*, moins exact mais plus rapide. En faisant tourner le volant de pointage d'un 1/4 de tour, la portée de la pièce varie d'environ 50 mètres. Mais il faut trouver d'abord la distance relative du but, et pendant que l'artillerie cherche cette distance, l'infanterie marche toujours, et si elle s'arrête, c'est qu'elle trouve un pli de terrain qui offre un abri favorable. A 2,000 mètres, la zone dangereuse n'est encore que de 14 mètres et de 20 mètres à 1500 mètres. Ce n'est donc qu'à cette dernière distance que la trajectoire, plus tendue, permettra d'atteindre avec assez de certitude. Mais, à cette distance, les tirailleurs de l'infanterie, déployés à 500 ou 600 mètres en avant de la ligne, commencent à pouvoir se servir de leur fusil gradué jusqu'à 1200 mètres, et enverront beaucoup de balles aux artilleurs. Si la ligne continue à marcher, et elle le fera si c'est une bonne infanterie, à 1000 mètres elle tombe dans une zone dangereuse de 34 mètres. Là, l'infanterie souffrirait cruellement. Mais ses tirailleurs ne seront qu'à 500 ou 600 mètres de l'artillerie, et feront pleuvoir sur elle une telle grêle de projectiles que les servants des pièces ne tarderont pas à être hors de combat. Que pourra faire l'artillerie? Ses boîtes à mitraille et ses obus à balles ne feront pas grand effet sur une chaîne mince de tirailleurs. Fera-t-elle intervenir le tir de son infanterie de secours? Les tirailleurs, couchés à plat ventre, en souffriront fort peu et continueront leur feu sur les servants des pièces, qui ne tarderont pas à cesser complétement leur tir. Même en admettant un meilleur type de pièce de 4 que le type prussien, les zones dangereuses aux grandes distances ne seront pas grandement améliorées.

Sans doute, ce n'est qu'avec une excellente infanterie qu'on pourra se permettre ce jeu. Si l'infanterie est médiocre, il sera moins facile de la faire marcher ainsi en avant. Si elle est mauvaise, non-seulement elle ne marchera pas en avant, mais que plusieurs obus l'atteignent, elle se sauvera à la débandade, comme on ne l'a vu malheureusement que trop souvent pendant la dernière guerre (mobiles, mobilisés). Mais c'est là précisément un argument irréfutable. C'est une preuve sans réplique de la nécessité absolue d'avoir sur le champ de bataille une bonne infanterie. Si cette infanterie n'est pas radicalement mauvaise et qu'elle tienne sous les obus, quand l'infanterie ennemie, que nous supposons meilleure, marchera sur elle, elle sera bousculée et se laissera enlever ses pièces. On ne peut pas sortir de ce cercle logique. Il faut bonne infanterie et bonne artillerie, mais surtout bonne infanterie, avant tout et par-dessus tout.

Les expériences de Tarbes nous ont donné, en remplacement de la pièce divisionnaire de 4, une nouvelle pièce de 5, en bronze, se chargeant par la culasse, ayant plus de tension de trajectoire et au moins aussi juste que le 4 prussien. La pièce de 7 se chargeant par la culasse est une excellente pièce de réserve, aussi bonne que la pièce prussienne de 6. Au point de vue du matériel de l'artillerie, nous sommes en mesure de nous défendre, sinon avec supériorité, du moins avec égalité. Quant à la quantité de pièces à traîner à la suite des armées, nous déplorons, avec Guibert, le chiffre de 4 par 1,000 hommes, tant prôné par Napoléon. L'avis du premier est le nôtre. Ce chiffre représente une telle quantité de voitures et d'attelages, qu'il allonge considérablement la longueur des colonnes.

Il convient de remarquer que les pièces de 4 et de 8, de Gribeauval, de 6 et de 12, de Napoléon Ier, avaient des munitions moitié plus légères que les munitions actuelles ; le 4, le 5, le 6, le 7, le 12 rayés sont réellement du 8, du 10, du 12, du 14, du 24 lisses, en comptant par livres à l'ancienne mode. Il faut donc augmenter de beaucoup les voitures de munitions ou diminuer le nombre de coups à tirer par pièce, et pour peu que l'on fasse abus du tir de l'artillerie, il pourra arriver qu'au moment décisif elle manque de munitions. Or, Napoléon dit dans ses Mémoires : « Une pièce doit avoir avec elle 300 coups à tirer, non compris le coffret : c'est la consommation de deux jours de bataille. »

Prenons une armée de 100,000 hommes, 3 pièces pour 1,000 hommes, soit 300 pièces. Ces 300 pièces exigent 9,000 chevaux. Elles sont approvisionnées par 1,800 voitures, qui occupent sur les routes une file de 30 kilomètres de long. Si l'on augmente de 100 le nombre total des pièces, soit une de plus par 1,000 hommes, il faudra donc ajouter 3,000 chevaux et 600 voitures, allongeant ainsi de 10 kilomètres la file des voitures de l'artillerie.

Nous croyons, avec Guibert encore, que dans beaucoup de cas la supériorité du matériel et de l'instruction technique pourrait suppléer à une infériorité numérique qui ne serait pas trop grande. 300 pièces pourront lutter comme 400 moins justes ayant moins de tension, tandis que 200 seulement ne pourraient y suffire.

En tout cas, pour revenir à l'infanterie, nous pouvons encore invoquer à l'appui de notre thèse l'opinion suivante : que l'effet de l'artillerie est surtout moral et qu'il y a beaucoup moins d'hommes mis hors de combat par les obus que par les balles. Ce qui était vrai du temps de Puységur l'est encore maintenant.

La statistique médicale des Prussiens dans la dernière guerre accuse 88 pour 100 des blessures provenant des balles; obus et balles de mitrailleuses, 10 pour 100; armes blanches, 2 pour 100. On pourrait croire que la proportion est renversée chez nous, que les obus nous ont fait subir plus de pertes que les vieux fusils prussiens à aiguille; il n'en est rien. Nous avons eu 70 pour 100 de blessés par le fusil prussien; 25 pour 100 seulement par l'artillerie, et 5 pour 100 par les armes blanches. Le médiocre fusil de l'infanterie autrichienne en face du fusil à aiguille, supérieur à tous les points de vue, avait fait, en 1866, également plus de mal aux Prussiens que l'excellente artillerie autrichienne.

« La proportion entre le nombre des blessures provenant des différentes armes qui fut constatée sur les corps de 13,202 hommes blessés ou tués de l'armée prussienne, donne les chiffres suivants (Schmidt, *Développement des armes à feu*) :

Blessures	provenant	de balles et fusils.	79,0
—	—	d'éclats d'obus.	15,6
—	—	de coups de sabre ou lance. . . .	5,0
—	—	de coups de baïonnette	0,4
			100,0

La *Revue maritime et coloniale*, de novembre 1872, renferme un excellent travail sur l'effet du tir. Nous en extrayons les passages suivants : « Si on admet qu'en moyenne 1 obus a mis 6 hommes hors de combat, et que 100 balles en ont mis 1, on trouve qu'un certain poids dépensé en balles a tué 27 fois plus de monde que le même poids dépensé en obus. Mais à l'effet absolu des projectiles de l'artillerie s'ajoute, au plus haut degré, l'effet moral, et c'est celui-ci qui décide le plus souvent de la victoire. Un certain nombre de morts et de blessés, tombés par le feu de l'infanterie a, sur le le résultat tactique, une influence bien moindre que le même nombre d'hommes renversés par les projectiles de l'artillerie. C'est là, dans la guerre de campagne, le caractère essentiel de l'artillerie. » (Jouffret.)

Mais c'est précisément la thèse que nous soutenons. Le facteur moral de l'artillerie est en raison inverse de la qualité de l'infanterie, faible avec une bonne, et fort considérable avec une mauvaise.

Partant, nécessité d'une infanterie solide, bien disciplinée et surtout bien encadrée. C'est là le *desideratum* de l'armée française.

Quant à l'influence de l'armement de l'infanterie sur les formations tactiques, nous la trouvons dans les théories françaises. L'adoption du fusil rayé réduit, en 1862, de trois rangs à deux la formation de l'infanterie. C'est dit en toutes lettres dans le rapport de la commission qui présenta le règlement sur les manœuvres du 17 avril 1862. C'est la transformation de l'armement de l'infanterie, en 1866, qui a abaissé à 6 le nombre des pelotons du bataillon de guerre. La formation à 8 pelotons n'est adoptée en temps de paix que comme mesure économique pour permettre de former en temps de guerre un bataillon de dépôt. Ce n'est pas l'artillerie rayée dont nous nous servons depuis 1859 qui a amené ce changement : c'est le fusil modèle 1866. Le règlement sur les manœuvres de 1870 est basé sur la formation à 6 pelotons, et l'article 444 de ce règlement dit formellement : « Un bataillon manœuvre habituellement, partie en rangs serrés, partie en tirailleurs, et il emploie à ce dernier rôle un ou plusieurs pelotons, ordinairement deux, » c'est-à-dire que la formation actuelle normale de l'infanterie française comprend un bataillon déployé ou en colonne de 4 pelotons. La colonne de compagnie prussienne sera-t-elle adoptée ? Elle est, il est vrai, encore plus maniable que le bataillon à 4 pelotons, mais beaucoup de tacticiens français la rejettent comme trop peu solide et ne donnant pas à un moment donné une masse assez forte dans la main d'un seul homme. Nous croyons qu'on peut résoudre le problème, nous l'avons dit plus haut, en conservant le bataillon actuel, en augmentant de moitié l'effectif des compagnies et en adoptant la manœuvre par compagnies isolées ou réunies deux à deux. N'oublions pas que la grande portée du fusil français a mis à bas 6,000 gardes prussiens à Saint-Privat. Cette même garde prussienne a essayé, en 1873, des manœuvres dites *en essaims* qui ne sont que la régularisation de la formation par tirailleurs en grandes bandes, dont elle a tous les avantages et non les inconvénients. L'adoption générale par toutes les puissances de l'Europe d'armes portatives d'un calibre moyen de 11^{mm}, dont la portée réellement efficace varie, suivant les modèles, de 1,000 à 1,500 mètres, nous obligera nous aussi à changer nos manœuvres. Le combat en tirailleurs a pris la place prépondérante dans la tactique actuelle. Il faut de petites unités tactiques pour renforcer les lignes de tirailleurs, aussi bien sur les deux ailes qu'au centre. C'est le feu de l'infanterie qui amène ce résultat. Les Prussiens en conviennent et portent en ce moment-ci toute leur attention sur la transformation de l'armement et des manœuvres de leur infanterie. Les écrits d'un simple capitaine d'infanterie prussien, Bogulawski, ne sont pas étrangers à la réforme des règlements de manœuvre de l'armée prussienne. Dans ses *Considérations générales sur la physionomie des combats et batailles de* 1870-1871, ce jeune tacticien prouve clairement, en étudiant la question à un point de vue plus général que nous, que « malgré la puissante action de l'artillerie, les deux infanteries se sont battues entre elles. Pas plus en 1870 que dans les guerres antérieures, l'artillerie n'a joué un rôle décisif; les affaires ont presque toujours été décidées par l'attaque de l'infanterie, qui aurait souvent pu attendre une préparation plus complète de sa besogne par l'artillerie. » Nous renvoyons le lecteur à la traduction de cet ouvrage publiée par la Réunion des officiers. Le général Lewal, dans sa *Tactique de combat* (*Journal des Sciences militaires*), traite cette question en véritable maître. Nous renvoyons également à cet important travail.

Examinons maintenant si le caractère de l'infanterie française permet de la faire tenir sous le feu de l'artillerie ennemie ou de l'envoyer en avant contre cette artillerie.

Les combats ou batailles de l'armée de Metz et de l'armée de la Loire répondent suffisamment aux deux parties de la question (Ladonchamps, Coulmiers, Villepion, etc.).

Nous ne citerons qu'un seul exemple particulier. Nous copions, dans le rapport du chef de bataillon H***, commandant un bataillon de marche d'infanterie de marine à l'armée de la Loire :

« Le 10, à 9 heures du matin, le bataillon fut chargé d'exécuter « un mouvement tournant sur la droite de l'ennemi et d'attaquer les « batteries prussiennes. Après avoir occupé de nouveau et dépassé « le village de Villermain, le bataillon se porta directement en avant « sur les batteries et ouvrit le feu à 600 mètres. Mais, en avant des « batteries, de nombreux tirailleurs, en partie embusqués dans les « maisons crénelées du village de Poisioux et dans les fossés, d'au« tres à l'abri derrière un retranchement, nous empêchèrent d'avan« cer davantage. Le bataillon, complétement isolé, conserva sa po« sition pendant 3 heures sous une grêle de balles et d'obus; il ne « se replia qu'après avoir épuisé presque toutes ses munitions, et « menacé à son tour d'un mouvement tournant exécuté par une « très-forte colonne de troupes de trois armes.

« Nos pertes furent sensibles : un capitaine tué, atteint de plu« sieurs balles; un sous-lieutenant blessé d'une balle au pied; « 16 tués; 38 blessés. »

Pour corroborer ce rapport, nous ajoutons :

« A la gauche, le bataillon d'infanterie de marine put s'emparer « du château du Coudray, et forcer l'ennemi à reculer les batteries « qu'il avait en position à Poisioux et à Montigny. » (Général Chanzy, *Deuxième armée de la Loire*.)

Nous tenons du commandant H***, qui l'a répété à qui voulait l'entendre, qu'il n'avait pas plus de 1 tué et de 7 ou 8 blessés du fait de l'artillerie. Le feu de ses tirailleurs avait fait immédiatement reculer les batteries prussiennes qui, s'étant reportées à 2 kilomètres en arrière, tirèrent par-dessus la tête de leurs tirailleurs.

Le commandant L***, qui a également commandé un bataillon de marche d'infanterie de marine dans les armées de la Loire, de l'Est et du deuxième siége de Paris, avait eu l'heureuse idée de grouper sous sa main les vingt-cinq meilleurs tireurs de son bataillon.

Lorsque l'artillerie commençait à lui faire éprouver des pertes sensibles, il envoyait en avant les vingt-cinq tireurs, dirigés par un officier de choix, qui, s'embusquant en deçà de 1,000 mètres, concentraient exclusivement leur feu sur les artilleurs. Au bout de fort peu de temps, la rectitude de tir des pièces ennemies était singulièrement troublée et la direction en était détournée sur les tireurs d'élite qui, bien défilés ou couchés à plat ventre, forçaient l'artillerie ennemie à se déplacer et à cesser son feu.

Nous tenons ces deux témoignages de la bouche même de ces officiers supérieurs.

XLI

Rôles respectifs de l'artillerie et de l'infanterie.

Il résulte de tous les faits cités abondamment que, dans les guerres actuelles, l'artillerie et l'infanterie jouent le principal rôle dans le combat. L'action de la cavalerie, nulle quant à la charge, s'est transformée. Elle prépare le combat en éclairant l'armée, empêchant les surprises, cherchant à deviner les desseins de l'ennemi.

Dans quelques cas, la cavalerie, ayant mis pied à terre, jouera le rôle de l'infanterie, quand il s'agira d'occuper rapidement une position importante et que l'infanterie sera encore trop loin.

L'artillerie divisionnaire, placée en tête avec les tirailleurs, soutenue d'assez loin en arrière par l'infanterie, engagera la lutte. L'artillerie de réserve du corps d'armée lui viendra en aide, si elle éprouve trop de résistance. Quand l'artillerie ennemie aura éprouvé beaucoup de mal et qu'elle ne sera plus à redouter pour l'infanterie, celle-ci se portera alors en avant. La lutte avec l'infanterie ennemie sera capitale pour le gain de la journée. Il faudra, de toute nécessité, que ces deux infanteries s'abordent sinon corps à corps, du moins d'assez près pour que le feu de l'une devienne très-supérieur, auquel cas elle mettra l'autre en déroute. Les combats ne seront, pas plus que par le passé, des duels à coups de canon. On tue du monde à l'ennemi à coups de canon, mais on n'avance à rien. Quand l'infanterie ennemie ne veut pas servir de cible, elle n'a qu'à se reculer hors de la portée des pièces, à quelques centaines de mètres. Si votre infanterie n'avance pas, la bataille peut recommencer le lendemain sur nouveaux frais, à quelques kilomètres plus loin, et ainsi de suite, comme à l'armée de la Loire. Dans ces conditions, la lutte peut durer fort longtemps, comme en Amérique, où, à la fin de chaque campagne, l'armée victorieuse était presque aussi épuisée que l'armée vaincue et obligée d'attendre des renforts.

Quand, au contraire, les deux infanteries agissent l'une contre l'autre, la meilleure obtient des résultats décisifs, enlève des canons et fait surtout beaucoup de prisonniers.

Nous pouvons donc affirmer que l'infanterie joue le principal rôle dans les guerres actuelles, mais qu'il est nécessaire de l'appuyer par une artillerie plutôt bonne en qualité qu'en quantité.

Nous avons vu les axiomes de Napoléon Ier sur l'artillerie et expliqué les causes de la préférence qu'il lui témoigne dans ses écrits. S'il avait vécu de notre temps, il n'aurait pas écrit que « prétendre courir à l'arme blanche sur des canons et les enlever par des tirailleurs sont des idées chimériques. »

Si, à cette époque, il a dit que « le fusil est la meilleure machine de guerre inventée par l'homme, » que dirait-il donc maintenant que la puissance de destruction de cette arme a progressé d'une façon effrayante? car, à 1,200 mètres, l'arme rayée de petit calibre est plus juste que l'ancienne arme à silex à 250 mètres, et le soldat moderne, couché à plat ventre dans un fossé ou caché derrière un pan de mur, un tronc d'arbre, tire aisément 6 coups, dans le temps que le soldat, armé du fusil à silex, chargeait et tirait 1 coup debout, exposé tout entier au tir de l'artillerie ennemie.

Paris. — Imprimerie de J. Dumaine, rue Christine, 2.

Paris. — Imprimerie J. DUMAINE, rue Christine, 2.